Catherine Herriger

Die böse Mutter

Warum viele Frauen dick werden und bleiben

WILHELM HEYNE VERLAG
MÜNCHEN

HEYNE SACHBUCH
19/400

Von der Autorin für die Taschenbuchausgabe
überarbeitet und erweitert

Dieser Titel erschien bereits in der Reihe Heyne Lebenshilfe
unter der Bandnummer 17/26.

9. Auflage
4. Auflage dieser Ausgabe
Taschenbuchausgabe im Wilhelm Heyne Verlag
GmbH & Co. KG, München

Printed in Germany 1996
Umschlagillustration: The Image Bank/
Michael A. Donato, München
Umschlaggestaltung: Atelier Adolf Bachmann, Reischach
Satz: Kort Satz GmbH, München
Druck und Bindung: Presse-Druck, Augsburg

ISBN 3-453-11569-4

Inhalt

Zum Geleit 9
Warum ausgerechnet Zuviel-Essen 11
Vier Erklärungsversuche 14
Merkmale der weiblichen Eßsucht 17
Seit jeher bekannt: Der kastrierte Mann 19
Bis heute unerkannt: Die kastrierte Frau 20
Die kastrierende Mutter 23
Der ›Fluch‹ der Unattraktivität – das Kastrationsprogramm 28
Die zwei Seiten der Mutter 35
Aschenbrödel 37
Deutung 44
Schneewittchen 47
Und der Vater? 49
Der Vater – ein passiver, potenzschwacher Partner? . 52
›Rent-a-child‹ 55
Mutter und Tochter 58
Eliane 61
Diagnostische Auflösung 71
Die Jahre mit dem Vater 71
Die Jahre bis zur Bekanntschaft mit dem Freund 73
Die Beziehung zum Freund und späteren Mann 77
Die Geburt der Tochter und das eigene Familienleben 81
Der Weg zur Therapie 87
Die Partnerschaftsbeziehung der übergewichtigen Frau 90
Der Mann als Ersatzmutter 94
Die Sexualität der kastrierten Frau 96

Homosexualität 102
Die alleinstehende kastrierte Frau 104
Der Weg zur Heilung 108
Psycho-Acting 116
Ausklang 130
An die böse Mutter 131
Literatur 132
Selbsthilfeprogramm für eßsüchtige,
übergewichtige Frauen 138
Über die Autorin 139
Fragebogen 141

Zum Geleit

Ich erinnere mich nur noch mit Mühe daran, aber es war so. Ich war eine Frau, die felsenfest glaubte: Wenn ich schlank wäre, dann wäre alles gut. Je mehr in meinem Leben schiefging, desto fester glaubte ich daran, und desto dicker wurde ich.

Ja, ich glaube mich daran erinnern zu können, daß es zum Verzweifeln war, immer wieder gesagt zu bekommen – und zu lesen – daß mit Wille, Durchhaltevermögen und notfalls Autosuggestion das Fett verschwindet.

Bis ich es eines Tages nicht mehr aushielt und die Therapie begann, erst Einzeltherapie, dann Gruppe. Ich lernte, daß das allgemeine Diät-Blabla, das für alle geschrieben wird, für keinen stimmt. Garantiert nicht für mich.

Ich lernte, daß es schmerzhaft ist, den sicheren Hort von eingegrenzten Problemen zu verlassen – und sich ehrliche Fragen zu stellen.

Mein Gott, es war nicht leicht, das seelische ›Fliegengewicht‹ anzunehmen, das zum Schutz den fetten Elefanten aus mir gemacht hatte!

Und am schwierigsten, fast zum Verzweifeln war, jenem Programm auf die Spur zu kommen, das ich von meiner Mutter übernommen hatte. Meine Mutter ist eine liebe Frau, aber sie wirft lange Schatten. Und diese Schatten waren mein Lebensprogramm geworden. Um in den Begriffen dieses Buches zu sprechen – die ich aus meiner Therapie sehr gut kenne – ich war eine kastrierte Frau.

Nach 1½ Jahren Therapie bin ich kein besserer Mensch. Vielleicht sage ich das, weil ich mich an die, die ich war, nur schwer erinnern kann. Die Tatsache, daß ich nicht mehr in regelmäßigen Abständen Verzweiflungsanfälle habe, ist so selbstverständlich geworden wie die Tatsache, daß ich abgenommen habe. Nein, Spaß beiseite, ich habe mein Heft in die Hand genommen.

Bis hierher noch kein Wort zum Buch Die Böse Mutter *von meiner Therapeutin* Catherine Herriger. *Als ich das Manuskript gelesen hatte, wurde mir mein Weg durch die Therapie wieder lebendig. Ich wußte bis anhin, daß Catherine Herriger eine gute Zuhörerin und Regisseurin von Heilungsprozessen ist. Aber daß sie den ganzen ›Salat‹ packend zusammenfassen und einleuchtend darstellen kann, ist für mich der Punkt auf dem i meiner Therapie. Wenn noch irgendwelche Fragen übrig blieben, jetzt habe ich Antworten.*

Auf eine Art beneide ich die Frauen, die dieses Buch jetzt lesen. Hätte es dieses Buch früher gegeben, hätte mein Leben früher angefangen.

Zürich *Eine ehemalige Patientin*

Warum ausgerechnet Zuviel-Essen?

Warum essen bereits übergewichtige Frauen weiterhin viel zuviel?

Warum essen sie immer weiter, bis Kleidergrößen unaufhaltsam in die Höhe klettern, Füße aus zu klein gewordenen Schuhen herausquellen, sich wegen Übergewicht Rückenschäden, Krampfadern, Kreislaufstörungen, Herzbeschwerden einstellen?

Bis sich schwere depressive Verstimmungen entwickeln aufgrund wiederholter, erfolgloser Diätversuche?

Bis die ganze Familie in den Machtbereich des Terrors der versuchten Eßkontrolle gerät?

Viele übergewichtige Frauen essen schubweise wie unter Zwang. Sie sind ähnlich süchtig wie Drogen- und Alkoholabhängige – nur wissen sie es nicht oder schieben den Gedanken von sich.

Warum tun sich Frauen das an?

Zudem: Warum gibt es praktisch keine eßsüchtigen Männer? Nur weil das Modediktat und das Rollenbild der Männer nicht so absolut und absurd auf Schlankheit-um-jeden-Preis zielt? Eine wenig plausible Erklärung. Sicher ist ein dicker Mann in unserer Gesellschaft weniger der Kritik ausgesetzt als eine übergewichtige Frau. Das kann aber schwerlich der Hauptgrund sein, warum Männer sogar fettleibig sein können, aber kaum je krankhafte Eßprobleme haben, die schließlich zur Eßsucht führen.

Natürlich liegt eine deutliche Prädisposition zu Eßstörungen im Säuglingsalter. Nämlich dann, wenn ein weinendes oder zorniges Kleinkind mit Essen oder Trinken getröstet oder besänftigt wird, statt daß man seinen tatsächlichen Bedürfnissen nachgeht. Es liegt auf der Hand, daß hier eine spätere Fehlschaltung programmiert werden kann: nämlich Essen und/oder Trinken statt Erkennen und Angehen eines schmerzliches Konfliktes. Also Essen als Trost und Ersatz, um sich etwas Gutes zu tun. Aber: Es gibt viele Frauen, die mit dieser Art Eßerziehung aufwuchsen, ohne Ansätze zu irgendwelchen Eßstörungen oder sonstigen oralen Süchten zu zeigen.

Es gibt aber auch viele Frauen, die in ihrer Kindheit keinerlei Eßkonditionierung oder Eßzwang erfuhren. Sie wurden nicht mit Essen getröstet, sondern in die Arme genommen, sie durften wütend oder traurig sein, ohne daß ihnen der Mund ›zugestopft‹ wurde. Sie durften soviel oder sowenig essen, wie sie wollten... und sie entwikkelten trotzdem Eßstörungen, die zu Übergewicht führten.

Also?

Wir fassen zusammen:

> Falsche Eßgewohnheiten in der frühen Kindheit können sowohl bei Frauen wie bei Männern Fettleibigkeit verursachen – müssen aber nicht.
>
> Übergewichtige Männer sind kaum eßsüchtig. Mit der richtigen Diät und mehr Bewegung specken Männer mehr oder weniger problemlos ab.
>
> Übergewichtige, eßsüchtige Frauen leben von Diätversuch zu Hungerkur, von Wundermitteln zu Kuraufenthalt. Sie verlieren zwar einige Kilos, nehmen aber in kürzester Zeit wieder mehr zu.

Ganz schlimm ist es für Frauen, die jahrelang mit und durch Gruppenmotivation abgenommen haben. Kaum treten sie aus der Gruppe aus, fallen sie allmählich wieder in alte Eßgewohnheiten zurück oder leben in panischer Angst vor jedem Zusatzgramm. So oder so – ein Leben mit konstantem Eßterror.

Eßstörungen, die zu mehr oder weniger massivem Übergewicht führen und deutliche Suchtsymptome zeigen, weisen also auf einen vor allem der Frau vorbehaltenen Problemkreis hin.

Warum?

Vier Erklärungsversuche

Die Literaturflut auf dem Markt für übergewichtige Frauen bietet die verschiedensten Erklärungsmodelle, je nach den therapeutischen Ansätzen.

Hier einige bekannte Beispiele:

Der feministische Protest. Übergewicht als sichtbares Nein-Sagen der Frauen gegen das herrschende Männer- und Modediktat, daß eine Frau, um attraktiv und somit begehrenswert zu sein, schlank sein muß.

Die Abgrenzung zur Mutter. Übergewicht als Protesthaltung der Mutter gegenüber. Ein unbewußtes stummes Nein zu den mütterlichen Plänen für die Tochter; ein Versuch, sich abzugrenzen.

Die sexuelle Distanz. Übergewicht als ‹ab-stoßender‹ Fettpanzer gegen sexuelle Annäherung.

Die Frust-Schicht. Übergewicht als Zeichen sexueller Frustration und mangelnder Zuwendung. Essen als Ersatz für körperliche und seelische Streicheleinheiten.

Meiner therapeutischen Erfahrung nach stimmen alle diese Erklärungsmodelle nur mehr oder weniger partiell. Sie beleuchten nicht, warum bestimmte Frauen sich ausgerechnet mit einem Eßverhalten ausdrücken, das letzten Endes selbstdestruktive Tendenzen aufweist, sowohl körperlich wie auch seelisch.

Da ja Übergewicht, nebst den daraus resultierenden seelischen Problemen, die Lebenserwartung drastisch senkt, sieht das Ganze nach einem langsamen, qualvollen Selbstmord aus. Und das alles, um unbewußt oder bewußt einen Protest, eine Abgrenzung auszudrücken? Wohl kaum – sonst wäre der Schluß naheliegend, daß Übergewicht bei vielen Frauen mit geistiger Umnachtung Hand in Hand schreitet!

Selbst wenn man davon ausginge, daß Essen die Funktion des Sich-etwas-Gutes-tun übernimmt, bleibt die Frage ›Aber warum *zuviel* Essen?‹ ungelöst.

Essen als Streicheleinheit mag ein Anfangsgrund sein. Aber warum artet es bald in alles andere als ein Streicheln aus? Essen in Anfällen bis zum Überdruß und zur Übelkeit, begleitet von wachsender Selbstverachtung, kann schwerlich noch als Sich-etwas-Gutes-tun bezeichnet werden. Zunehmende seelische Verunsicherung, rapid abnehmende Selbstachtung, rasches Mißtrauen der Umwelt gegenüber beginnen den Alltag der übergewichtigen eßsüchtigen Frau zu dominieren. Sie sieht und erlebt sich als unattraktiv, reizlos und körperlich verunstaltet, sie fühlt sich nicht liebenswert. Der Kontakt zur Umwelt wird immer schwieriger, die innere und äußere Isolierung ausgeprägter.

Der Leidensdruck steigt und wird enorm. Die Suche nach einer schnell wirkenden Wunderdiät beginnt. Und nun erlebt sich die betreffende Frau als wiederholte *Versagerin* ihrem eigenen Körper gegenüber. Mit dem Willen und dem Mut der Verzweiflung strebt sie eine autonome Eßkontrolle an – um zu erleben, wie ihre Motivation und ihr Durchhaltevermögen einem plötzlichen Gieranfall nicht gewachsen sind.

»Es war wie ein Zwang«, berichten viele Frauen nach einem Eßanfall.

Das kleine Flämmchen der aufkeimenden Freude an sich selbst erlischt – die Kontrolle über den eigenen Körper entgleitet wieder. Die Eßsucht hat ihre alles dominierende Herrschaft angetreten.

Merkmale der weiblichen Eßsucht

In meiner Untersuchung von 550 Lebensgeschichten durch Eßsucht übergewichtiger Frauen fand ich folgende Übereinstimmungen:

Alle hatten irgendwo die feste Überzeugung, daß es ihnen an dauerhaftem Willen und Disziplin fehle. Die abgebrochenen oder erfolglosen Diäten, sowie das Immer-wieder-in-alte-Eßgewohnheiten-Zurückfallen diente als Illustration und Beweis.

Alle meinten mehr oder weniger genau zu wissen, warum sie wann und zuviel aßen (äußere Umstände, Streß, negative Gefühle, Zurückweisungen seitens der Umwelt usw.).

Alle hatten eine hochgradige, meist versteckte Sensibilität, mit der sie wenig bis gar nicht umgehen konnten. Darum eine schnelle Bereitschaft, auf vermeintliche oder tatsächliche psychische Verletzungen durch die Umwelt mit innerem Rückzug zu reagieren.

Alle hatten Mühe mit ihrer Sexualität. Sei es nun mit einem problematischen oder ungenügenden oder nichtexistenten Sexualleben.

Alle standen unter dem Eindruck, daß sie ihre unbefriedigende Lebenssituation irgendwie selbst verschuldet hatten – sei es durch mangelnde Anpassung, sei es durch zu hohe Ansprüche oder aus eigenem Ungenügen.

Ich hatte von der Anzahl her eine repräsentative Gruppe übergewichtiger, eßsüchtiger Frauen, gekennzeichnet durch mangelndes Selbstwertgefühl, hochgradige Sensibilität und sexuelle Schwierigkeiten.

Alles Frauen, die ihre eigene Weiblichkeit nicht spüren, entwickeln und positiv erleben durften – also ›entweibte‹ oder kastrierte Frauen!

Seit jeher bekannt: Der kastrierte Mann

Kastration kennen wir aus der Geschichte des Mannes. Ein kastrierter Mann war von jeglicher sexueller Rivalität ausgeschlossen, er war ›entmannt‹, somit ›entmachtet‹.

Er durfte nie oder nie mehr seine ›Manneskraft‹ beweisen, sich damit auszeichnen oder andere Männer herausfordern. Kurz – er war kein Rivale, also nicht zu fürchten. Es konnte ja keine Konkurrenz stattfinden!

Durch die Verstümmelung seines Körpers, das Wissen um dessen Unzulänglichkeit, nahm auch der Charakter des Kastraten angepaßtere und gefügigere Züge an – Aggressivität wurde tunlichst vermieden – seine Anpassung und somit Unterwerfung war total.

Andere Männer sahen in dem Kastraten keinerlei Bedrohung und benützten ihn gerne als Vertrauten und Lustknaben, gaben ihn der eigenen Frau als harmlosen Begleiter oder setzten ihn als Wächter weiblicher Tugend ein (Harem).

Kastration war auch ein Stigma, das den Betreffenden als Eigentum eines anderen ›ganzen‹ Mannes zeichnen konnte. Hingegen genoß der Kastrat aber auch den Schutz und das Ansehen seines jeweiligen Herrn. Die Unterwerfung, die sämtliche geschlechtsspezifischen Auseinandersetzungen ausschloß, hatte dadurch ihre goldene Seite.

Kastration also als Ausdruck von Besitz, Unterwerfung, Entmachtung, sexuellem Unvermögen und harmloser Beziehungsmöglichkeit, da rivalitätsfrei.

Bis heute unerkannt: Die kastrierte Frau

Durch die Verunstaltung (›Verstümmelung‹) ihres Körpers mittels Übergewicht beginnt die eßsüchtige Frau immer mehr das Leben eines weiblichen Kastraten zu führen.

> Ihr mit ständigem Zuviel-Essen belasteter Körper wird unförmig und reizloser. Die damit verbundene wachsende Verunsicherung und Isolierung erschwert oder verunmöglicht mit der Zeit sexuelle Kontakte.
>
> Im modischen und geschlechtlichen Wettbewerb mit anderen Frauen fühlt sie sich unzulänglich und ausgeschlossen.

Dadurch stellt sie keinerlei Konkurrenz dar im weiblichen Wettbewerb um die Aufmerksamkeit eines oder mehrerer Männer. Sie befleißigt sich in ihrem Auftreten meist der größtmöglichen sozialen Angepaßtheit. Auch werden ihr aktive Sexualität, geschlechtliche Triebe und Wünsche kaum zugestanden. In ihren Beziehungen zu anderen Frauen zeichnet sie sich aus durch freundliche Anpassung oder völlige Unscheinbarkeit. Jegliche Form von aggressiver Auseinandersetzung wird vermieden – sie ist schnell bereit, sich zurückzuziehen. Für ihre Umgebung scheint sie ›pflegeleicht‹.

Kaum jemand bemerkt die ängstliche Verunsicherung, das schnelle Aufflackern von Mißtrauen und Aggressivität, den verzweifelten Wunsch nach Aufmerksamkeit und Zuwendung, den sexuellen Notzustand.

Kastrierte Frauen wirken meist ausgewogen, herzlich und gemütlich. Häufig werden sie wegen ihrem Aussehen als ›mütterlich‹ bezeichnet, durch die unbewußte Assoziation mit hochschwangeren Frauen und deren schweren Brüsten und prominenten Bäuchen. Und da schwangere Frauen in unserem abendländischen Gedankengut als fruchtbar und somit glücklich gelten, besteht ein Grund mehr, sich sozial kaum um die innere und unsichtbare Verzweiflung übergewichtiger Frauen zu kümmern.

Im Gegenteil: Das Geschäft mit dem äußeren Aspekt der Dicken blüht wie nie zuvor! Sei es nun in der Kleiderbranche, in den Schönheitssalons, in den kalorienarmen Menüs anpreisenden Restaurants, in den Zeitschriften mit den neuesten Diäten, in den Praxen irgendwelcher Scharlatane – die kastrierte Frau wird ausgebeutet, indem ihr oberflächliche und nutzlose Hilfe angeboten wird. Sollte sie dabei nicht schlank werden, liegt es sicher an ihrem mangelnden Willen! Durch ihr erneutes Versagen rutscht die kastrierte Frau immer tiefer in das Gefühl eigener Unzulänglichkeit.

Sie wehrt sich kaum – ihr Mitmachen wird ja gesellschaftlich honoriert: Sie bekommt gute Ratschläge und Tips von allen Seiten, es regnet Komplimente über abgenommene Kilos. Viele Trostworte fallen, wenn diese Minus-Kilos – plus einige neue – wieder dazukommen; sie befindet sich ja mit vielen Leidensgenossinnen in guter Gesellschaft.

Auch hier, wie bei dem männlichen Kastraten, hat die Anpassung und Unterwerfung ihre ›goldene‹ Seite.

Aber wie wäre denn das eigentliche, individuelle Leben einer solchen Frau ohne Übergewicht? Wenn nicht ihre Kastration – der Eßterror – ihren Tagesablauf, ihre Zukunftspläne, ihre Beziehungen prägen würde? Wenn sie sich ihres Körpers und ihres Aussehens freuen könnte? Also ihre Weiblichkeit spüren und ausleben dürfte?

Jede kastrierte Frau hat auf diese Frage einen ganzen Antwortkatalog bereit, der genau schildert, was sie alles tun würde und könnte – wenn sie schlank wäre!

Aber warum kann sie denn nicht schlank sein?

Es ist nicht denkbar, daß eine Frau ein kastriertes Leben anstrebt. Ein Leben, in dem sie dazu verdammt ist, von weiblicher Attraktivität zu träumen, ohne sie je zu erlangen.

Die kastrierende Mutter

Wer kastrierte diese Frauen? Wer hat Interesse daran zu verhindern, daß eine Frau anziehende Weiblichkeit entfaltet, eine reife Selbstsicherheit auch gegenüber der Umwelt hat, gesunde Beziehungsmöglichkeiten und ein ausgefülltes Sexualleben besitzt? Wer hat ein Interesse daran, sich selbst nicht durch eine mögliche Rivalin in Frage zu stellen, zu gefährden? Sicherlich nur eine andere Person – nämlich eine andere Frau. Und alles weist auf die eigene Mutter hin.

Die Mutter als kastrierende Macht – denn nur sie (oder ihr weiblicher Ersatz) hat die Möglichkeit, bereits ganz früh das Leben ihrer Tochter maßgeblich zu beeinflussen! Sie ist die erste, somit wichtigste weibliche Identifikationsfigur für ihre Tochter. Von ihr wird das kleine Mädchen zuerst lernen, wie eine Frau spricht, sich bewegt, reagiert. Erste und somit prägende Einflüsse und Eindrücke!

Es sieht, wie die Mutter sich gegenüber dem Vater, den Männern positioniert und verhält. Es erlebt deutlich, wie die Mutter mit ihrem Körper, mit ihrer Weiblichkeit umgeht. Ob Körperlichkeit für die Mutter ein positiver, integrierter Bestandteil ihres Lebens ist, oder ob sie Mühe hat damit. Die Mutter eröffnet dem kleinen Mädchen den Eingang zur weiblichen Welt und übergibt ihm dadurch ungefiltert auch ihre persönlichen Wertordnungen und Ansichten.

Daraus folgt: Eine in ihrer Weiblichkeit sichere und erfüllte Frau wird ihrer Tochter auch ohne Worte vermitteln können: *Es ist schön, Frau zu sein!* Die sexuell frustrierte und in ihrer Beziehung enttäuschte Frau hingegen wird einen Teil ihrer Bitterkeit und inneren Verletztheit mehr oder weniger bewußt ihrer Tochter mitteilen. Hier lautet die unterschwellige Botschaft: *Es ist mühsam und enttäuschend, Frau zu sein!*

Es spielt bei den Muttertypen keine Rolle, ob sie sich jeweils beruflich und sozial entwickeln konnten. Das übertragene weibliche Grundproblem wird davon nicht im geringsten berührt.

Bei der Überprüfung der Mutter-Beziehung der übergewichtigen, eßsüchtigen Frauen aus meiner Repräsentativ-Gruppe fand ich ohne Ausnahme nur den zweiten Muttertypus vertreten. Bemerkenswert ist, daß es den wenigsten Töchtern bewußt war, daß auch ihre Mütter ein mehr oder weniger stark eingeschränktes Leben als Frau führten – auch ohne Übergewicht. Es fehlte also die Fähigkeit zur kritischen Wahrnehmung der tatsächlichen Lebenssituation der Mutter.

Es ist nicht schwer, sich auszumalen, welche Einstellung ein kleines Mädchen gegenüber dem *Frau-Sein* entwickeln muß unter der direkten Ausstrahlung einer im Grunde enttäuschten und unzufriedenen Frau. Es bedarf dazu keiner Worte, keinerlei sichtbar negativen Einstellung oder Handlung. Es ist eine Sache der Atmosphäre. Unbewußt ist da jeder Mensch durch seine Umgebung beeinflußbar und von ihr abhängig.

Man stelle sich nun ein Kleinkind vor, das noch keinerlei Abgrenzungsmöglichkeiten besitzt – es nimmt die geringste Unstimmigkeit in seiner Umgebung wahr. Ohne ersichtlichen Grund weinende oder quenglige Kleinkinder spüren anscheinend eine verborgene Gereiztheit oder Anspannung bei ihren nächsten Bezugspersonen und reagieren prompt darauf.

Sigmund Freud wies als erster darauf hin, daß kleine Kinder aufs Genaueste wissen, wie es um die noch so verborgene Intimität ihrer Eltern steht – einem Kinde kann man nichts vormachen oder verbergen.

Eine unzufriedene Ausstrahlung der Mutter bewirkt im kleinen Mädchen eine grundlegende Verunsicherung. Es spürt etwas Negatives, ohne daß die Mutter aber Stellung dazu nimmt oder ihm etwas erklärt. Selbst wenn die dabei zur Schau getragene Fassade zufrieden und harmonisch wirken mag – der Hintergrund ist für das Mädchen trotzdem diffus und beunruhigend wahrnehmbar.

Dieser Zustand ist am ehesten mit dem Bild eines schönen und gut gebauten Hauses vergleichbar, dessen Fundamente aber geschwächt sind. Solange nichts und niemand daran rüttelt, könnte das Ganze ein Leben lang stabil bleiben.

Aber genau an diesem verunsicherten ›Fundament‹ in der frühkindlichen Weiblichkeitsentwicklung werden später die Kastrationsversuche der Mutter ansetzen. Und wenn sie dann nicht als solche erkannt und bekämpft werden, bleibt der Tochter nichts anderes übrig, als ihrerseits ein als Frau ›beschnittenes‹ und daher zum großen Teil unglückliches Leben anzutreten.

Auf diese Art wird die Mutter und deren Dasein als Frau nicht in Frage gestellt. Dadurch, daß es der eigenen Tochter nicht ›besser‹ geht als ihr selbst, kann keine Rivalität aufkommen, und die Stellung der Mutter nicht angetastet werden.

Diese Sicherstellung der Mutter erfolgt nur über die *Ent-Weibung* der eigenen Tochter. Die Tochter darf nicht anziehend, nicht reizvoll, nicht verführerisch – auf gar keinen Fall *Weib* sein! Es würde also nicht genügen, die Tochter nur innerlich zu verunsichern; sie muß äußerlich unansehnlich werden. Erst dann ist die Kastration vollbracht – die Beziehung Mutter-Tochter somit harmlos, weil rivalitätsfrei.

Das Übergewicht der Tochter dürfte in unserem schlankheitsbesessenen Zeitalter das bewährteste und wirksamste Kastrationsmittel sein. Die äußere, immer stärker werdende Unförmigkeit, gepaart mit der inneren Verunsicherung durch Wissen um das ständige Versagen an neuen Diäten, ergibt einen Teufelskreis ohne Entrinnen. Ständig auf der Suche nach einem nutzlosen äußeren Halt, hilflos der unbegreiflichen Gier ihres ungeliebten Körpers ausgeliefert, von allen Seiten wie ein Spielball wohlmeinend bedrängt, enden kastrierte Frauen nicht selten in der Sackgasse müder Resignation, Depressionsanfällen oder gar Selbstmordversuchen.

Natürlich *wollen* Mütter nie ein solches Schicksal für ihre Töchter. Weibliche Kastration verläuft auf der unbewußten Ebene. Wären sich kastrierte Mütter ihrer eigenen ›beschnittenen‹ Weiblichkeit bewußt, so müßten sie sich damit auseinandersetzen und daran etwas ändern. Aber gerade durch das teilweise Verdrängen der Realität über die eigene Lebenssituation ist diese ungeheuerliche, unbewußte Beschneidung des Lebens der Tochter überhaupt möglich. Es ist für die Mutter nicht denkbar, daß es einer Frau möglich sein *darf,* tatsächlich ein glückliches Leben führen zu können.

Das hieße ja mit anderen Worten: Eine solche Mutter hätte selbst ein wesentlich besseres Leben führen können, wenn sie den Mut gehabt hätte, etwas an sich und an ihrer Umgebung zu ändern! Aber so wäre das Leben ihrer Tochter als glückliche Frau nichts als ein unbarmherziger Spiegel ihres eigenen Versagens, ihr Schicksal anzupacken.

Das darf nicht sein!

Würde also die von ihrem Leben enttäuschte Mutter ihre Tochter nicht kastrieren, so hätte die Tochter als erwachsene Frau die Möglichkeit, die Mutter zu ent-machten. Allein dadurch, daß sie der Mutter zeigt, wie unstimmig deren überlieferte Werte und Ansichten sind, und um wieviel mehr sie ihr Leben gestaltet und demzufolge auch genießen kann. Die Tochter weiß und kann mehr als die Mutter – die Mutter ist entthront!

Nun, genau diese Art Mütter sorgt mehr oder weniger unbewußt vor. Die Tochter darf nicht sicher, nicht unabhängig, nicht begehrt und somit nicht mächtiger als sie werden!

Der ›Fluch‹ der Unattraktivität – das Kastrationsprogramm

Die Aussagen übergewichtiger, eßsüchtiger Frauen – ich nenne sie fortan ›kastrierte Frauen‹ – über ihr Eßverhalten gehen alle in die Richtung von unkontrollierter Nahrungsaufnahme, von Hinunter-Schlingen, In-sich-hineinstopfen, Wahllos-Fressereien, Gieranfälle. »Es überkam mich.« »Ich konnte nichts dagegen tun.« »Ich mußte einfach...« »Es war stärker als ich.«

Erklärungen, die alle darauf hinweisen, daß im Moment des Eßanfalles *etwas* in der betreffenden Frau zum Tragen kam, was nicht mehr mit eigenem Willen anzugehen war.

Wie wenn im Unbewußten plötzlich eine Taste gedrückt wurde, die den Befehl ›Iß!‹ auslöste. Und wie ein Zombie oder Roboter gehorcht die Frau und ißt, ißt bis zur Übelkeit. Um sich nachher als willensschwach und undiszipliniert anzuklagen.

Diese Gier, die mit körperlichem Hunger nicht das Geringste zu tun hat, ist wie weggewischt. Zurück bleiben Selbstvorwürfe, Ekelgefühle, Selbstverachtung und der Hilfeschrei nach eigener Körperkontrolle.

Sie faßt Vorsätze, schreibt sich in ein neues Diätseminar oder in einen Gruppenkurs ein – erlebt sich auch kürzere oder längere Zeit als stabil und gewichtverlierend... bis der nächste Anfall wieder alles zunichte macht.

Und der Teufelskreis dreht sich immer wilder, immer weniger Selbstachtung bleibt zurück, immer tiefer werden die Täler der Mutlosigkeit.

Das Gefühl der kastrierten Frau trügt nicht: *Es* ist stärker als sie, als ihre Aktionen und Bemühungen. *Es* ist ein Programm, von ihrer Mutter in frühen Jahren in ihr Unbewußtes eingetippt.

Das mütterliche Programm umfaßt folgende Punkte:

> Du darfst nie attraktiver sein als ich.
> Du darfst nie begehrter sein als ich.
> Du darfst nie weiblicher sein als ich.
> Deswegen darfst du nie Körpergefühl entwickeln und wirst somit nie in der Lage sein, Kontrolle über deinen Körper ausüben zu können.
> Dadurch wirst du dir immer als ungenügend, maßlos und nicht liebenswert vorkommen.

Das Kastrationsprogramm ist total!

Die Tochter ist durch zunehmende Unattraktivität *entweibt,* die Mutter bleibt mächtig und unangetastet. Die Tochter als mögliche Rivalin ist ausgeschieden!

Die mit ihrem Dasein als Frau unzufriedenen Mütter haben verschiedene Möglichkeiten, ihre Töchter zu kastrieren. Hier einige Beispiele:

> *Arbeits- und Konzentrationsstörungen*
> (Die unterschwellig vermittelte Botschaft lautet: »Auch Du sollst nicht erfolgreich sein...»)

> *Versagerängste*
> (»Auch Du schaffst es nicht...«)

> *Migräne, Unterleibsbeschwerden*
> (»Auch Du bist überfordert als Frau...«)

In unserem Fall gilt:

Körperliche Unattraktivität, mangelndes Selbstbewußtsein
(»Auch Du sollst ein enttäuschendes und unerfülltes Leben als Frau fristen...«)

Ich zitiere als Illustration Aussagen über die Kindheit und Jugend von übergewichtigen Frauen:

»Meine Mutter nannte mich auf zärtliche Art das ›Pummelchen der Familie‹. Die Anwesenden lachten dazu immer herzlich. Meistens lief ich dann ins Schlafzimmer der Eltern und schaute mich im großen Spiegel an. Ich versuchte, ganz ›schmal‹ dazustehen – aber ich war und blieb tatsächlich dicklich.«

»Schon sehr früh verbot mir meine Mutter Süßigkeiten mit dem Hinweis, ich hätte eine empfindliche Haut, und Süßes würde Pickel verursachen. Außerdem werde Zukker direkt in Fett umgewandelt, und ich könnte dick werden. Dabei war ich spindeldürr und wurde immer zum Essen genötigt.«

»Meine Mutter begleitete mich zum Kleiderkaufen, bis ich etwa 24 Jahre alt war. Schon mit 11 Jahren riet sie mir ab, Hosen zu tragen – ich hätte ›massige‹ Oberschenkel; diese seien von meiner Großmutter vererbt. Später riet sie mir zu überfallenden Blusen und Pullovern, um schlanker zu wirken. Damals war ich noch gar nicht dick, eher mollig. Heute würde ich sagen, es war nur Pubertätsspeck.«

»Meine Mutter hatte den ›Gesund-Essen-Knall‹. Alles, was auf den Tisch kam, wurde von ihr bezüglich Vitaminzusammensetzung, Kalorienzahl, biologischer oder nicht biologischer Anbau kommentiert. Die Dinge, auf die ich Lust hatte, waren entweder ungesund oder ›Dickmacher.‹

Mein Vater machte dieses Theater brav mit. Ab und zu erwischte ich ihn, wie er mit schuldbewußtem Gesicht Schokolade aß. Er zwinkerte mir dann verschwörerisch zu, während ich ihm mit dem Zeigefinger drohte.

Durch diese allgegenwärtigen Eßverbote begann ich immer mehr zu naschen. Mit 15 war ich bereits massiv übergewichtig. Meine Mutter schränkte mein Essen daraufhin noch mehr ein und hielt mir Vorträge über Körperpflege. Ab und zu warf sie mir meine offensichtliche Disziplinlosigkeit vor und verglich mich darin mit meinem Vater. Nur blieb er schlank und ich nicht.«

Wir hören aus diesen Berichten deutlich heraus, wie die Körperlichkeit der Töchter als unzulänglich angesprochen und gerade dadurch verunsichert wurde.

Hunger und Lustempfindung wurden seitens der Mutter nicht als autonom und individuell betrachtet – im Gegenteil, sie wurden durch Verbote, Einschränkungen und Kommentare als unnatürlich hervorgehoben.

Die Tochter machte früh die Erfahrung, daß anscheinend etwas mit ihren Körpersignalen nicht stimmen konnte: Entweder war sie, laut ihrer Mutter, *zu hungrig* oder *zu schnell satt,* oder sie hatte Lust auf *Verbotenes* und *Ungesundes.* Die Mutter bestätigte ihr also fortlaufend die Unstimmigkeit ihrer körperlichen Gefühle. Kurz: Die Tochter lernte, ihren Körpersignalen zu mißtrauen, die Mutter wußte ja doch besser Bescheid.

Somit verlor die Tochter immer mehr Gefühl und Kontrolle über den eigenen Körper. Zu ihrem Mißtrauen sich selbst gegenüber gesellte sich jetzt noch das Wissen um ihr Ungenügen.

Die Mutter behält auf diese Art eine vollständige Kontrolle über ihre Tochter. Selbst wenn die Tochter von ihr getrennt lebt, sich vielleicht gar mit ihr zerstritten hat – sie beherrscht ihre Tochter nach wie vor, seelisch und körperlich.

Diese Machtausübung wird erst dann ein Ende nehmen, wenn die Tochter endlich den Ursachen ihres hartnäckigen Übergewichtes nachgehen und dessen Programmierung durch die Mutter erkennen kann.

Kann denn eine Mutter zu ihrer Tochter wirklich derart *böse* sein?

Entsetztes Kopfschütteln, empörte Abwehr, verletztes Zurückweisen derartiger abstruser Anschuldigungen und Horrorphantasien.

Aber ja, sie kann tatsächlich. Die Millionen durch Übergewicht verstümmelten und dadurch kastrierten Frauen beweisen es!

Eine Frau, die von ihrem Leben und ihren Beziehungen enttäuscht ist – daran aber aus verschiedenen Gründen nichts ändern will –, muß dieses unangenehme Bewußtsein ihrer Situation verdrängen. Sie ›spaltet‹ einen Teil ihrer Persönlichkeit ab. Darin aber liegen alle nicht verarbeiteten Gefühle, nicht erfüllten Wünsche, die verdrängte Sexualität und die zur Seite geschobenen Ansprüche.

Es ist ein Teil, der eigentlich dringend angehört und angegangen werden müßte. Nur wäre das im Falle einer solchen Frau derart schmerzhaft, daß sie sich instinktiv weigert. Wie ein Geschwür wuchert nun dieser Teil weiter und will sich bemerkbar machen. Mit mehr oder weniger Erfolg wird er weiterhin zur Seite geschoben, trotz der stärker werdenden ›typisch‹ weiblichen Krankheitsbilder wie Migräne, Unterleibsbeschwerden, Brustkrebs u. a.

Die Frau kann und will ihre unbefriedigende Lebenssituation nicht sehen und beraubt sich damit jeglicher Veränderungsmöglichkeit.

Und nun hat diese Frau eine Tochter. Instinktiv wird sie sich hüten, der eigenen Tochter eine Möglichkeit zu geben, ihr – der Mutter – beweisen zu können, daß ein besseres Leben tatsächlich möglich wäre. Denn spätestens dann müßte sie diesen von sich selbst abgespalteten Teil anschauen und vielleicht ihr ganzes Leben verändern.

Das hieße ja, alles in Frage stellen, was bisher ihr Leben und ihr Denken beinhaltet hat. Nicht auszudenken!

Nicht selten spielen rein materielle Erwägungen eine dominierende Rolle in diesem bewußt-unbewußten Verdrängen: »Ich weiß, daß nicht alles zum besten steht in meiner Ehe – aber allein könnte ich mir nie den Rahmen leisten, den ich jetzt habe.« »Ich liebe ihn schon lange nicht mehr, aber kein anderer Mann kann mir diese Sicherheit bieten.«

Oder deutliche Aussagen über mangelhaftes Selbstwertgefühl und keinerlei Absicht, daran zu arbeiten: »Ich bin nicht unbedingt glücklich mit ihm, aber ein Mann ist besser als keiner. Und wo und wie würde ich einen anderen finden?«

»Ich will mich nie mehr auf eine Beziehung einlassen. Als Frau wird man nur ausgenützt und am Ende mit einer jüngeren betrogen.«

Die Töchter solcher Frauen müssen nun die Funktion des bejahenden Publikums übernehmen. Es ist klar, daß sie nur so lange zustimmend nicken werden, als sie selbst in ihrem Erwachsenendasein nichts Besseres entwickeln.

Diese mögliche und höchst gefährdende Rivalität erstickt die Mutter bereits im Keime durch ihr unbewußtes Kastrationsprogramm.

Auf der bewußten Ebene will sie sicher für ihre heranwachsende Tochter das Beste – doch drängt sich jetzt die mißachtete unbefriedigte Weiblichkeit der Mutter hervor und macht der Tochter jegliche Entfaltung eigenen Selbstbewußtseins unmöglich.

Die zwei Seiten der Mutter

Trotz unseres spontanen Widerstrebens, solche Zusammenhänge sehen zu wollen, kennen wir alle diesen *Böse-Mutter*-Aspekt, der die rivalisierende Tochter unschädlich machen will, aus dem Märchen. Dort wird er losgelöst, abgespalten gezeigt, personifiziert in der Gestalt der bösen Stiefmutter.

Es gibt im Märchen keine Grautöne. Menschen sind ausschließlich *gut* oder ausschließlich *böse.* Durch die unvermeidliche Vernichtung des Bösen am Ende der Geschichte wird dem strengen moralischen Grundsatz Genüge getan, daß das Gute immer siegen muß.

Ursprünglich waren Märchen als belehrende und mahnende Geschichten für Erwachsene gedacht; unsere Kultur hat sie auch den Kindern zugänglich gemacht. Wir sind schon in unserer frühesten Kindheit damit konfrontiert worden, daß Mütter gut, liebevoll, nachgiebig und etwas farblos sein *müssen*, während Stiefmütter böse, egoistisch, rachsüchtig, eifersüchtig und eitel sein *dürfen*.

Leider wird selten jemand einem aufmerksam lauschenden kleinen Mädchen erkären, daß die Mutter *und* die Stiefmutter im Märchen zusammengehören, wie zwei Hälften, die ein Ganzes bilden. So wie es kein Licht ohne Schatten gibt, gibt es keinen Menschen mit ausschließlich positiven Eigenschaften, auch keine solche Mutter.

Mutter sein heißt also, sich auch mit den eigenen *stiefmütterlichen (bösen)* Aspekten auseinanderzusetzen. Wenn eine Frau den Mut hat, ihre unzufriedene, enttäuschte und daher mißgünstige Seite anzunehmen und

…beiten, wird sie nie auf unbewußte Art und Weise …e Tochter damit belasten oder gar kastrieren.

Aber der Anspruch, selbst eine *gute* Mutter zu sein, ist derart immens, daß Frauen diesen *stiefmütterlichen* Anteil von sich wegschieben, abspalten und somit buchstäblich in ihrem Unbewußten versinken lassen. Gerade durch dieses Verneinen von menschlich normalen und gerechtfertigten bösen Gedanken und Eigenschaften wird der Weg geebnet für die unbewußte und unbeabsichtigte Übermittlung von falschen Werten an die eigene Tochter.

Die Tochter hat dann nur die Möglichkeit, durch eigenes Leid soweit zu kommen, daß sie selbst die Zusammenhänge sieht, die zwischen der Person der Mutter und ihren eigenen Schwierigkeiten liegen. Sie muß sich selbst helfen, muß allein die böse Seite der Mutter erkennen und sich dagegen abgrenzen.

Natürlich bedeutet dieser Prozeß offenen Krieg mit der eigenen Mutter, außer diese hätte nun auch den Mut zum Erkenne-dich-selbst entwickelt. Dann würden Mutter und Tochter gleichwertige Partnerinnen, die einander neu und offen begegnen könnten.

Betrachten wir nun das Märchen Aschenbrödel (nach den Gebrüdern Grimm) mit dem Wissen um diesen Aspekt, dem *guten* (mütterlich-bewußten) und dem *bösen* (stiefmütterlich-unbewußten) Anteil.

Aschenbrödel

Es war einmal ein reicher Mann, dessen Frau krank war, und als sie fühlte, daß ihr Ende herankam, rief sie ihr einziges Töchterlein zu sich und sprach: »Liebes Kind, bleib fromm und gut, so wird dir der liebe Gott immer beistehen, und ich will vom Himmel auf dich herabblikken.« Darauf tat sie die Augen zu und verschied.

Das Mädchen ging jeden Tag zum Grab der Mutter und weinte und blieb fromm und gut. Als der Winter kam, deckte der Schnee ein weißes Tüchlein auf das Grab, und als die Sonne im Frühjahr es wieder herabgezogen hatte, nahm sich der Mann eine andere Frau.

Die Frau hatte zwei Töchter mit ins Haus gebracht, die schön von Angesicht, aber garstig von Herzen waren. Da brach eine schlimme Zeit für das Stiefkind an. »Soll die dumme Gans bei uns in der Stube sitzen?« sprachen sie. »Wer Brot essen will, muß es auch verdienen, hinaus mit ihr!« Sie nahmen ihm seine neuen Kleider weg, zogen ihm einen grauen Kittel an, lachten und führten es in die Küche. Da mußte es früh aufstehn, Wasser tragen, Feuer anmachen, kochen und waschen. Obendrein taten ihm die Schwestern alles ersinnliche Herzeleid an, verspotteten es und schütteten Linsen in die Asche, so daß es sie wieder auslesen mußte. Abends, wenn es sich müde gearbeitet hatte, bekam es kein Bett, sondern mußte sich neben dem Herd in die Asche legen. Und weil es darum immer staubig und schmutzig aussah, nannten sie es Aschenbrödel.

Es trug sich zu, daß der Vater einmal auf den Markt gehen wollte und die beiden Stieftöchter fragte, was er ihnen mitbringen sollte. »Schöne Kleider«, sagte die eine, »Perlen und Edelsteine«, die zweite. – »Und du, Aschenbrödel«, sprach er, »was willst du haben? – »Vater, den ersten Zweig, der Euch auf Eurem Heimweg an den Hut stößt, den brecht für mich ab.«

Er kaufte nun für die beiden Stiefschwestern schöne Kleider und Edelsteine, und auf dem Rückweg, als er durch einen grünen Busch ritt, streifte ihn ein Haselzweig und stieß ihm den Hut ab. Als er nach Hause kam, gab er den Stieftöchtern, was sie sich gewünscht hatten, und Aschenbrödel gab er den Haselzweig. Es dankte ihm, ging zu seiner Mutter Grab, pflanzte den Zweig darauf und weinte so sehr, daß seine Tränen darauf niederfielen und ihn begossen. Er wuchs aber und wurde ein schöner Baum. Aschenbrödel ging alle Tage dreimal darunter, weinte und betete, und allemal kam ein weißes Vöglein auf den Baum, und wenn es einen Wunsch aussprach, so warf ihm das Vöglein herab, was es sich gewünscht hatte.

Eines Tages aber gab der König ein Fest, das drei Tage dauern sollte und wozu alle schönen Jungfrauen im Lande eingeladen wurden, damit sich sein Sohn eine Braut aussuchen möchte. Als die zwei Stiefschwestern hörten, daß sie auch dabei sein sollten, riefen sie Aschenbrödel und sprachen: »Kämme uns die Haare und bürste uns die Schuhe, wir gehen auf des Königs Schloß.« Aschenbrödel gehorchte, weinte aber, weil es auch gern zum Tanz mitgegangen wäre, und bat die Stiefmutter, sie möchte es ihm erlauben. »Du, Aschenbrödel«, sprach sie, »bist voll Staub und Schmutz und willst zum Tanz?«

Als es aber weiter bat, sprach sie endlich: »Da habe ich dir eine Schüssel Linsen in die Asche geschüttet. Wenn du sie in zwei Stunden wieder ausgelesen hast, sollst du mitgehen.« Das Mädchen ging durch die Hintertür zum

Garten und rief: »Ihr zahmen Täubchen, ihr Turteltäubchen, all ihr Vöglein unter dem Himmel, kommt und helft mir lesen, die Guten ins Töpfchen, die Schlechten ins Kröpfchen.«

Da kamen zum Küchenfenster zwei weiße Täubchen herein, danach die Turteltäubchen und endlich schwirrten und schwärmten alle Vöglein unter dem Himmel herein und ließen sich um die Asche nieder. Die Täubchen nickten mit den Köpfchen, und da fingen alle an, die guten Körnlein in die Schüssel zu lesen. Kaum war eine Stunde herum, waren sie fertig und flogen hinaus. Da brachte das Mädchen die Schüssel der Stiefmutter, freute sich und glaubte, es dürfte nun mitkommen. Aber sie sprach: »Nein, Aschenbrödel, du hast keine Kleider und kannst nicht tanzen, du wirst nur ausgelacht.«

Als es nun weinte, sprach sie: »Wenn du mir zwei Schüsseln voll Linsen in einer Stunde aus der Asche lesen kannst, so sollst du mitgehen«, und dachte: »Das kann es ja nimmermehr!« Als sie die zwei Schüsseln Linsen in die Asche geschüttet hatte, ging das Mädchen durch die Hintertür zum Garten und wiederholte seinen Ruf. Da kamen alle Vöglein wieder zum Fenster herein, und eh' eine halbe Stunde um war, waren sie fertig und flogen wieder hinaus. Da trug das Mädchen die Schüsseln zur Stiefmutter, freute sich und glaubte, nun dürfe es bestimmt mitgehen. Aber sie sprach: »Es hilft dir alles nichts, du kommst nicht mit; denn du hast keine Kleider und kannst nicht tanzen; wir müßten uns deiner schämen.« Darauf eilte sie mit ihren zwei stolzen Töchtern fort.

Als nun niemand mehr daheim war, ging Aschenbrödel zu seiner Mutter Grab unter den Haselbaum und rief: »Bäumchen rüttel dich und schüttel dich, wirf Gold und Silber über mich.«

Da warf ihm der Vogel ein golden Kleid herunter. In aller Eile zog es das Kleid an und ging zum Fest. Seine Schwestern aber und die Stiefmutter erkannten es nicht und meinten, es müßte eine fremde Königstochter sein, so schön sah es in dem goldenen Kleide aus. An Aschenbrödel dachten sie gar nicht. Der Königssohn kam ihm entgehen, nahm es bei der Hand und tanzte mit ihm. Er wollte auch sonst mit niemandem tanzen. Und wenn ein anderer kam, sprach er: »Das ist meine Tänzerin.«

Es tanzte, bis es Abend war. Dann wollte es nach Hause gehen. Der Königssohn aber sprach: »Ich gehe mit und begleite dich«, denn er wollte sehen, wem das schöne Mädchen angehörte. Es entwischte ihm aber und sprang in ein Taubenhaus. Von dort lief es zum Grab, zog das schöne Kleid aus, und der Vogel holte es wieder weg.

Am anderen Tag, als das Fest von neuem begann, und Eltern und Stiefschwestern wieder fort waren, ging Aschenbrödel zu dem Haselbaum und wiederholte seinen Wunsch. Da warf der Vogel ein noch viel schöneres Kleid herab. Und als es mit diesem Kleid auf dem Schloß erschien, staunte jedermann über seine Schönheit. Der Königssohn aber hatte gewartet, bis es kam, nahm es bei der Hand und tanzte nur mit ihm. Als es nun Abend war, wollte es fort, und der Königssohn ging ihm nach, um zu sehen, in welches Haus es ging. Aber Aschenbrödel sprang ihm wieder davon.

Der Königssohn aber wartete, bis sein Vater kam, und sprach zu ihm: »Das fremde Mädchen ist mir entwischt, und ich glaube, es ist in dein Haus gelaufen.« Der Vater dachte: »Sollte es Aschenbrödel sein?«

Auch am dritten Tag, als die Eltern und Schwestern fort waren, ging Aschenbrödel zu seiner Mutter Grab und sprach zu dem Bäumchen genau wie die früheren Male. Nun warf ihm der Vogel ein Kleid herab, das war so prächtig und glänzend, wie es noch keines gehabt hatte, und dazu Pantoffeln aus Gold. Als es in dem Kleid zum Fest kam, wußten sie alle nicht, was sie vor Verwunderung sagen sollten. Der Königssohn aber tanzte wieder nur mit ihm.

Als es nun Abend war, wollte Aschenbrödel fort, und der Königssohn wollte es begleiten, aber es entsprang ihm so geschwind, daß er nicht folgen konnte. Der Königssohn hatte aber eine List gebraucht und die ganze Treppe mit Pech bestreichen lassen. Da war, als es hinabsprang, der linke Pantoffel des Mädchens hängen geblieben. Der Königssohn hob ihn auf, und er war klein und zierlich und ganz aus Gold.

Am nächsten Morgen ging er damit zu dem Mann und sagte: »Keine andere soll meine Gemahlin werden als die, an deren Fuß dieser goldene Schuh paßt.« Da freuten sich die beiden Schwestern, denn sie hatten schöne Füße. Die älteste ging mit dem Schuh in die Kammer und wollte ihn anprobieren, und die Mutter stand dabei. Aber sie konnte mit der großen Zehe nicht hineinkommen, der Schuh war ihr zu klein.

Da sprach die Mutter: »Hau die Zehe ab, wenn du Königin bist, so brauchst du nicht mehr zu Fuß zu gehen.« Das Mädchen hieb die Zehe ab, zwängte den Fuß in den Schuh, verbiß den Schmerz und ging hinaus zum Königssohn. Da nahm er sie als seine Braut aufs Pferd und ritt mit ihr fort. Sie mußten aber an dem Grabe vorbei; da saßen zwei Täubchen auf dem Haselbäumchen und riefen: »Rucke di guh, rucke di guh, Blut ist im Schuh, der Schuh ist zu klein, die rechte Braut sitzt noch daheim.«

Da blickte er auf ihren Fuß und sah, wie das Blut herausquoll. Er wendete sein Pferd um, brachte die falsche Braut wieder nach Hause und sagte, das wäre nicht die rechte, die andere Schwester sollte den Schuh anziehen. Da ging diese in die Kammer und kam mit den Zehen in den Schuh, aber die Ferse war zu groß. Da sprach die Mutter: »Hau ein Stück von der Ferse ab, wenn du Königin bist, brauchst du nicht mehr zu Fuß zu gehen.« Das Mädchen hieb ein Stück von der Ferse ab, zwängte den Fuß in den Schuh, verbiß den Schmerz und ging hinaus zum Königssohn. Da nahm er sie als seine Braut aufs Pferd und ritt mit ihr fort. Als sie an dem Haselbäumchen vorbeikamen, saßen die zwei Täubchen darauf und riefen den gleichen Spruch. Er blickte auf ihren Fuß und sah, wie das Blut aus dem Schuh quoll. Da wendete er sein Pferd und brachte die falsche Braut wieder nach Haus. »Das ist auch nicht die rechte«, sprach er, »habt ihr keine andere Tochter?«

»Nein«, sagte der Mann, »nur von meiner verstorbenen Frau ist noch ein kleines Aschenbrödel da, das kann unmöglich die Braut sein.« Der Königssohn sprach, er solle es heraufschicken, die Mutter aber antwortete: »Ach nein, das ist viel zu schmutzig.« Er wollte es aber durchaus haben, und Aschenbrödel mußte gerufen werden. Da wusch es sich Hände und Angesicht rein, ging hin und verneigte sich vor dem Königssohn, der ihm den goldenen Schuh reichte. Dann setzte es sich auf einen Schemel, zog den Fuß aus dem schweren Holzschuh und steckte ihn in den Pantoffel, der saß wie angegossen. Und als es sich aufrichtete und der Königssohn ihm ins Gesicht sah, erkannte er das schöne Mädchen, das mit ihm getanzt hatte, und rief: »Das ist die rechte Braut!« Die Stiefmutter und die beiden Schwestern erschraken und wurden bleich vor Ärger. Er nahm Aschenbrödel aufs Pferd und ritt mit ihm fort. Als sie an dem Haselbäumchen vorbeikamen, riefen die zwei weißen Täubchen: »Rucke di guh, rucke di guh, kein Blut im Schuh. Der Schuh ist nicht zu klein, die rechte Braut, die führt er heim.« Und als sie das gerufen hatten, kamen sie beide herabgeflogen und setzten sich dem Aschenbrödel auf die Schultern, eins rechts, das andere links.

Bald wurde die Hochzeit gefeiert, und sie lebten glücklich und zufrieden bis an ihr Ende.

Deutung

Das Märchen vom Aschenbrödel veranschaulicht uns deutlich die weibliche Abspaltung von bösen Eigenschaften.

Die Stiefmutter ist stellvertretend für die negative, gleichgültige Seite der Mutter (die ›weg-geht‹ und Aschenbrödel alleine läßt); die Bösartigkeiten der Stiefschwestern weisen auf die bereits abgespaltene Wut und Aggression Aschenbrödels, der Tochter, hin.

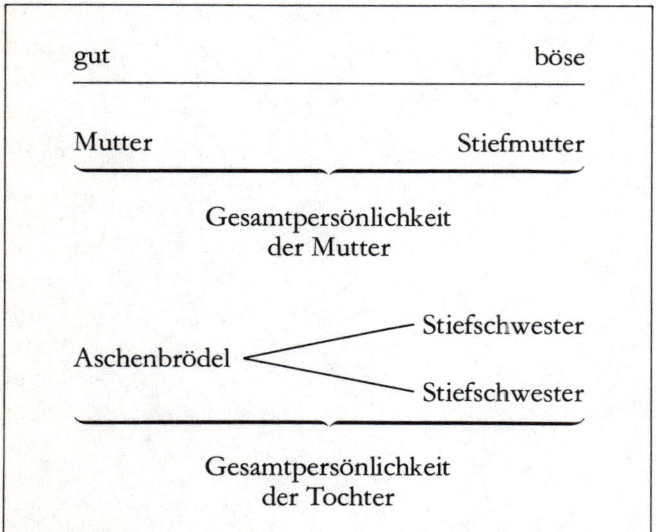

Das weiße Vögelein, das Aschenbrödel ›jeden Wunsch‹ erfüllt, ist zu verstehen als ein kreativer und aktiver Instinkt – der Tochter übermittelt von der *guten,* lebensbejahenden Seite der Mutter.

Der *Märchenprinz* seinerseits stellt die Lösung aus all dem Elend dar, herausentwickelt durch Aschenbrödels eigene Aktivität und Bemühung.

Aschenbrödel hätte ja durchaus passiv in seinem bitteren Schicksal verbleiben können! Statt dessen entwickelte es Selbständigkeit und hatte den Mut, eigene Wege zu finden (Ballbesuch auf dem Schloß). Dafür wurde es mit Glück ›belohnt‹. Selbst die Mißgunst (Kastration) der (Stief-)Mutter konnte es nicht mehr bremsen oder gar abhalten, für sich selbst zu schauen.

Der *Märchenprinz* symbolisiert eine innere Entwicklung: Jene des Ich-Gefühles und den damit verbundenen Mut zu eigenen Entscheiden. Aschenbrödel hat aufgehört, sich sagen zu lassen, was es zu tun hat. Es orientiert sich nicht mehr an den mütterlichen Regeln, die ihm erwiesenermaßen nur geschadet haben.

Das Märchen erzählt nicht, wie sehr Aschenbrödel mit sich gekämpft hat auf diesem Weg zu sich selbst (zum Märchenprinz), um endlich die Kraft aufzubringen, sich gegen (stief-)mütterliche Gesetze aufzulehnen und sich durchzusetzen. Vermutlich haben ihm die Knie gezittert, und es hatte Angst vor der Zukunft. Vielleicht dachte es auch, niemand werde es mehr gerne haben, wenn es nicht in seiner untergeordneten Rolle verbleibe.

Wer weiß? Es könnte auch sein, daß sein Instinkt (das weiße Vögelein) ihm zuflüsterte: »Man hat dich ja gar nicht wirklich gerne auf diese Art. Du wirst eingeschränkt, vom Leben abgeschnitten – du kannst gar nichts verlieren, wenn du gehst. Nur gewinnen!«

Und mit dem Erkennen dieser Tatsache raffte sich Aschenbrödel auf, biß die Zähne zusammen und tat den ersten Schritt zu einer selbstbewußten Lebenseinstellung.

Das Märchen zeigt uns auch nicht die Zweifel, die Anfechtungen, die Rückschläge, die Aschenbrödel durchstehen mußte – doch wir können uns diese gut vorstellen! Sicherlich sehnte sich Aschenbrödel manchmal in seinen Aschenkasten zurück, gerade am Anfang seiner Entwicklung zur Eigenständigkeit. Da war noch vieles einfacher – es mußte noch keine Entscheidungen treffen, sich nicht hinterfragen. Es ›durfte‹ passiv sein, wenn auch mit Tränen in den Augen über sein trauriges Los.

Unheimlich viel Energie wurde durch passives Selbstmitleid lahmgelegt. Aber mit der Zeit spürte es die positiven Veränderungen durch seine neue Einstellung in der Umwelt immer deutlicher. Es hatte begonnen, seine Ansprüche durchzusetzen und sein Leben selbst zu gestalten. Der *Märchenprinz* in ihm selbst war gefunden!

Der goldene Schuh, der nur an Aschenbrödels Fuß paßt, symbolisiert seinen neuen, sicheren und individuellen *Stand*-punkt als Frau; es kann die Holzpantoffeln, die ihm gegeben wurden, abstreifen.

Es wird auch nie mehr einen verunstaltenden Kittel tragen und sich in Asche legen lassen. Aschenbrödel hat das Recht entdeckt, eine selbstbewußte, attraktive Frau zu sein!

Jede durch Übergewicht verunstaltete und verunsicherte Frau wird sich mühelos in Aschenbrödel wiederfinden. Und genau wie Aschenbrödel besitzt sie die innere Voraussetzung, ihre eigene Attraktivität und ihr Selbstbewußtsein zu entwickeln.

Schneewittchen

Um nun das Verständnis für den (stief-)mütterlichen Teil der Frau zu vertiefen, eignet sich das Märchen vom Schneewittchen besonders gut.

Die Befragung des Spiegels nach der Schönsten im Land, mit der erhofften Antwort, sie sei es selbst, zeigt deutlich den gestörten Eigenbezug der Mutter. Sie ist ihrer selbst nicht sicher und braucht ständige Bestätigung durch ihre Umwelt.

Wir alle kennen solche Leute: Ständig muß ihnen versichert werden, daß sie die Besten, Klügsten, Liebsten sind. Nie ist es genug. Die Umwelt wird als Publikum erlebt, das möglichst pausenlos applaudiert. Da der Eigenbezug, und somit auch der damit verbundene Eigenwert, mangelhaft ist, erleben sich diese Menschen nur durch die Umwelt gespiegelt. Man stelle sich vor, was geschieht, wenn die Umwelt Zweifel oder Kritik äußert.

Genau das ist der Fall bei Schneewittchens (Stief-)Mutter. Abgesehen vom Zweifel der Umwelt (Spiegel), wird ihr noch Schneewittchen vorgezogen! Ihre Schlußfolgerung ist naheliegend, daß sie durch Schneewittchens Vernichtung wieder die Schönste (Beste und Liebste) wäre. Dabei hätte sie durchaus die Möglichkeit, Kritik durch ihre Umwelt als konstruktiv und anregend zur eigenen Weiterentwicklung zu gebrauchen.

Arme (Stief-)Mutter! Statt die eigenen Qualitäten spüren und sehen zu können, ist sie verletzlich und angreifbar, sobald sie nicht die einstimmige und uneingeschränkte Billigung der Umwelt erfährt. Man nimmt ihr etwas Lebenswichtiges weg. Dafür rächt sie sich. Auch

Schneewittchen soll das nicht bekommen, was ihr anscheinend vorenthalten bleibt. Sie will und kann keine Konkurrenz dulden.

Dadurch erkennen wir, daß dieser Typus (Stief-)Mutter ebenfalls eine kastrierte Frau ist.

Nur leider in keiner offen-*sichtlichen* Art und Weise, darum häufig nicht erkennbar.

Wenn wir dieses Märchen in unsere Zeit übertragen, so sehen wir eine schöne, attraktive Frau, die ihre hübsche Tochter ›verstümmelt‹, um die eigene, seelische Kastration nicht erkennen zu müssen.

Merke: Durch Übergewicht kastrierte Töchter haben ihrerseits kastrierte Mütter! Der mangelnde mütterliche Eigenbezug (auch wenn er nicht ersichtlich ist) wird der Tochter übermittelt.

Die Tochter muß dabei nicht einmal eine Konkurrenz im weiteren Umfeld darstellen – es genügt, daß der Vater ihr mehr Aufmerksamkeit schenkt als der Mutter selbst.

Es entsteht die Situation, daß die Tochter im noch starken kindlichen Eigenbezug den Vater für sich beansprucht und dadurch die Mutter in ihrem mangelnden Selbstwertgefühl zusätzlich bedroht. Sie wird zur Rivalin um die Gunst des Vaters. Solche Mütter erleben sich dann häufig als heftig oder abwehrend ihrer kleinen Tochter gegenüber, schämen sich deshalb und entwickeln Schuldgefühle – ohne aber den Grund für ihr Verhalten erkennen zu können: Eifersucht!

Und der Vater?

»Und der Vater? Was ist mit dem?« Ich höre förmlich das wütende Aufbegehren aller durch dieses Buch verletzten Mütter und den Ausspruch: »Immer hat die Mutter Schuld – wo bleibt der Vater?«

Nun – der Vater ist ein Mann! Er hat also als Identifikationsfigur für die Tochter in bezug auf Weiblichkeit tatsächlich kaum Stellenwert. Nicht er vermittelt dem kleinen Mädchen, wie es mit seinem Körper umgehen sollte, durch sein Beispiel – einzig und allein die Mutter oder eine andere, die Mutter vertretende Frau. Genau so wie der Sohn sich mit dem Körper des Vaters identifiziert, richtet sich das Mädchen in seiner Körperlichkeit nach der Mutter. Ein völlig logischer und natürlicher Vorgang. Mit anderen Worten: Für die Entwicklung von weiblichem Selbstbewußtsein zeichnet der männliche Elternteil tatsächlich nicht verantwortlich. Er hat wohl unterstützende Funktion, verblaßt aber neben der Mutter.

Wie sieht es aber mit seiner Stellung als Mann in der Familie aus?

In einem bekannten Wiegenlied von George Gershwin heißt es »...your Dad is rich and your Ma is good looking...« Also kann das Kind beruhigt schlafen, seine Welt ist in Ordnung.

Die Rollenbilder stimmen: Der Vater ist reich genug, um für die Familie zu sorgen. Die Mutter ist schön oder lieblich genug, um den Aufwand des Mannes zu rechtfertigen. Der Mann erobert mit seinen (materiellen) Möglichkeiten; die Frau besticht mit ihrem Aussehen. Im traditionellen Denken ist ein erfolgloser Mann kein eigentlicher *Mann.* Genau so, wie einer körperlich unattraktiven Frau kaum *Weiblichkeit* zugeschrieben wird.

Immer wieder, in den Medien oder in der Literatur, treffen wir auf die unglaublich verankerten Rollenbilder des starken, potenten, erfolgreichen Mannes, der sich beschützend vor seine schöne, anschmiegsame, zierliche Frau stellt.

Betrachten wir nun einmal Aschenbrödels Vater!

Er ist reich. Das Märchen beginnt schon mit diesem Hinweis. Aber ist er auch stark und beschützend genug? Anscheinend nicht. In seinem Haus macht sich eine negative Weiberherrschaft breit. Er ist nicht einmal in der Lage, sich um seine eigene Tochter zu kümmern. Er läßt zu, daß sie häßliche Kleider trägt, im Aschenkasten schläft, niedere Dienste verrichtet,... ja, er nennt sie sogar Aschenbrödel.

Er traut ihr auch die Bekanntschaft mit dem Prinzen nicht zu und macht keinen Finger krumm, wenn es darum geht, wer wohl die rechte Braut sei.

Was wäre wohl aus Aschenbrödel geworden, wenn es nicht nur einen reichen, sondern auch einen starken Vater gehabt hätte?

Wenn wir das Märchen wieder auf der symbolischen Ebene betrachten, dann hätte die ›gute‹ Mutter vielleicht gar nicht sterben müssen, um der ›bösen‹ Mutter Platz zu machen. Wäre der Vater Mann genug gewesen, hätte der ›gute‹ Teil der Frau wahrscheinlich nicht welken müssen. Dann wäre kein Platz gewesen für diesen eifersüchtigen, mißgünstigen weiblichen Teil, der sich ungehindert breit machen konnte.

Vielleicht hätten der Vater und die Mutter häufig heftig gestritten und sich versöhnt; er hätte seine Frau in die Arme genommen und ›getragen in das gemeinsame Schlafzimmer‹...

Aschenbrödel hätte unter diesen Umständen ein glückliches Zuhause gehabt. Ein Zuhause mit Liebe und Herzlichkeit, Zuneigung und Respekt – aber auch mit Auseinandersetzungen, Streit und Versöhnungen.

So aber war der Vater ›nur‹ reich. Anscheinend auch häufig unterwegs.

Armes Aschenbrödel! Von der (Stief-)Mutter mit deren Enttäuschungen als Frau belastet und zum Ausleben derselben verurteilt, vom Vater mehr oder weniger übersehen und im Stich gelassen...

Trotzdem hat Aschenbrödel es geschafft. Aus eigener Kraft!

Wie ging wohl die Ehe weiter? Vermutlich mußte der Vater immer häufiger verreisen und immer mehr arbeiten, seine Frau bekam Migräne, Unterleibsbeschwerden und begann, die verschiedensten Kurse zu besuchen. Und wenn sie nicht gestorben sind...

Der Vater – ein passiver, potenzschwacher Partner?

Es ist nun ein Leichtes, die These aufzustellen, daß nur sexuell frustrierte Frauen ihre Töchter kastrieren, damit diese dann ihrerseits enttäuscht werden, und somit die Mütter nicht eifersüchtig werden müssen. Der Mann würde dann als Sündenbock dastehen. Er hat in seiner ureigensten männlichen Funktion versagt: Er konnte seine Frau nicht zufriedenstellen und löste daher diese verheerende Kette von Frustration und Mißgunst aus, die in der Kastration der Tochter gipfelt.

Somit wäre eine eßsüchtige, übergewichtige Tochter auch das Aushängeschild für einen ›potenzschwachen‹ Vater.

Nun – es stimmt! Nämlich dann, wenn wir den Begriff ›Potenz‹ in seinem ursprünglichen Sinn verstehen: ›potere‹ (lat.) bedeutet ›machen‹, ›Macht‹.

Ein potenter Mann ist demzufolge ein ›machender‹, ein aktiver Mann – somit im positiven Sinne des Wortes ›mächtig‹. Das Gegenteil davon wäre ›Impotenz‹ im Sinne von ›ohn-mächtig‹, also passiv.

Potenz ist hier nicht nur auf Sexualität beschränkt zu verstehen, sondern als ein Ausdruck männlicher Persönlichkeit.

Wäre also Aschenbrödels Vater ein *potenter* Mann gewesen, hätte er niemals zugelassen, daß seine Frau die eigene Tochter derart verunstaltet und schlecht behandelt; abgesehen davon, daß seine Frau ja keinen Grund zur Frustration gehabt hätte.

Im allgemeinen suchen sich zuinnerst *passive* (potenzschwache) Männer aktiv wirkende Frauen aus. In kürzester Zeit sind diese Männer nicht mehr in der Lage, den ausgesprochenen oder stummen Erwartungen ihrer Frauen zu genügen. Es wird überall ›zu wenig‹. Natürlich dann auch im sexuellen Bereich. Statt sich damit auseinanderzusetzen, wird das Thema verdrängt, es entstehen stumme Vorwürfe, zunehmende innere Distanz – es wird immer ›weniger‹ – die Frustration baut sich auf. Jeder zuinnerst *passive* Mann lebt natürlich auch eine *passive* Sexualität. Seine Phantasien mögen dabei noch so heiß laufen.

Zum Problem wird das Ganze erst, wenn er den Ansprüchen seiner Frau nicht genügen kann.

Aschenbrödels Vater verdrängte dieses Problem – sonst hätte es sich nicht derart auswachsen könnten. Es wäre vielmehr ein eheliches Anliegen und die Tochter verschont geblieben!

Wie verdrängen Männer das Problem ihrer zumindest erahnten inneren Passivität?

Einige neigen dazu, übertrieben autoritär aufzutreten, gerne den Pater Familias hervorzuheben, der eigenen Frau in aller Öffentlichkeit den Mund zu stopfen, sich beruflich immer mehr zu profilieren – kurz, den tollen, virilen Burschen zu spielen, der sie im Grunde genommen eben nicht sind. Sie bewegen sich gerne in einem möglichst großen Bekanntenkreis, haben aber kaum Freunde. Ihr Mißtrauen und ihre innere Verunsicherung als Mann hindert sie an offenen, herzlichen Kontakten.

Im anderen Extrem kann ein Mann auch eigenbrötlerisch werden. Er nimmt kaum an geselligen Anlässen teil, sitzt in seiner Freizeit lieber griesgrämig und mißmutig zu Hause – am liebsten hinter einer Zeitung oder dem Fernsehapparat.

Aber etwas haben innerlich passive (potenzschwache) Männer gemeinsam: Sie interessieren sich kaum oder nur am Rande für ihre Familie. Sie benehmen sich gerne als Gast im eigenen Hause, erwarten aber, daß sämtliche Familienmitglieder sich nach ihnen richten. Der Faktor Geld, der für sie anscheinend dieses Pascha-Dasein – weil Ernährer der Familie – rechtfertigt, wird häufig und gerne erwähnt. Es erweckt den Eindruck, als könnte materielle *Potenz* emotionale *Impotenz* ausgleichen. Ein klägliches und unzureichendes Pflaster!

Die kastrierte Tochter hat also einen passiven, entmachteten, potenzschwachen Mann als Vater. Der äußerlich noch so autoritäre Anschein, die Macho-Rolle in der Familie ändert nichts daran. Die Tochter spürt deutlich, daß die Beziehung Mann-Frau für die Frau ungenügend, frustrierend und oft demütigend sein kann. Die Mutter lebt ihr diese unbefriedigende Frauenrolle vor. Dadurch, daß die Mutter in der Beziehung verharrt, teilt sie ihrer Tochter unmißverständlich mit, was ›Frau-Sein‹ bedeutet. Wie soll das kleine Mädchen spüren oder lernen, daß Weiblichkeit auch beglückend sein kann?[1])

Das Ganze ist und bleibt somit ein umfassend weibliches Problem. Wäre die Mutter sicherer in ihrer Weiblichkeit gewesen, hätte sie sich niemals einen für sie ›ungenügenden‹ Mann ausgewählt oder ihn zumindest nach einer Weile verlassen.

Das *Ungenügen* des Mannes entspricht *immer* dem mangelnden Selbstwertgefühl der Frau.

---

[1]) Dieses Buch ist ausschließlich der Problematik der Tochter gewidmet. Es ist klar, daß auch der Sohn, auf andere Art, betroffen wird. Männliche Eßsucht ist auf vorwiegend weibliche Dominanz in frühen Jahren zurückzuführen. Das heißt, die Mutter erzog den Jungen sozusagen als ›Tochterersatz‹.

›Rent-a-child‹

Zum Frau-Sein gehört die unglaubliche Macht des Gebären-Könnens. Das Weibliche vermittelt Leben, garantiert Aufzucht, um dann zum richtigen Zeitpunkt die selbständigen Jungen ›wegzubeißen‹.

Die Mutter gibt ihre Kinder zweimal unterschiedlich *frei:* Im Zeitpunkt der Geburt und später zu eigenem selbständigen Erwachsenendasein. Dazwischen ist die Mutter zuständig für die Nestpflege.

Das wäre in kurzen Zügen die elementare, biologische Funktion und Zuständigkeit der Frau.

Immer wieder im Laufe der Geschichte rebellierte die Frau gegen die Zuweisung der Natur, gegen das Beschränktsein auf Fortpflanzung und Nestpflege. Wie es sich zeigt – mit Erfolg.

Die Frau ›gewinnt‹ an Boden – sie erobert Gebiete, die ursprünglich nur Männern vorbehalten waren. Doch bezüglich der Kinderfrage rutscht sie immer wieder in die traditionelle Rolle. Abgesehen davon, daß sie – wohl oder übel – nach wie vor die Aufnehmende und Gebärende bleibt, ist sie durch unsere gesellschaftliche Struktur noch immer diejenige, die den Hauptteil der Nestpflege und Erziehung trägt. Der Mann zieht einem Kometen gleich seine Bahnen um die Familie.

Auch wenn es gelingen sollte, gesellschaftliche Strukturen derart zu ändern und zu erneuern, daß der Mann zumindest gleichwertig an der Nestpflege teilnimmt, so bleibt doch die Tatsache der weiblichen Empfängnis, der weiblichen Schwangerschaft und des weiblichen Gebärens unverrückbar. Genau in diesen vitalen Punkten ist und bleibt die Frau allein und auf sich angewiesen.

Kein Mann wird je dieses Wechselbad der weiblichen Gefühle während einer Schwangerschaft oder einer Geburt nachempfinden können – diese Mischung aus Freude und Ausgeliefertsein.

Zum Mutter-Sein gehört also von Anfang an die ungeheure Problematik des *Besitzens* und des *Loslassens*. Einerseits ist die Frau die Fruchtbare, die Lebenspendende, andererseits kann sie die Verschlingende und die Erstickende sein, wenn sie ihre Kinder nicht losläßt.

Wir alle wissen, welche katastrophalen Folgen es nach sich zieht, wenn die Mutter nur die körperliche Reife für die Geburt hat, aber später nicht die seelische Reife, um ihr Kind ins Erwachsenendasein zu *entlassen*.

In den meisten Fällen hat niemand eine Frau darauf vorbereitet, was es bedeutet, ein Kind zu ›haben‹, um es später nicht mehr ›haben‹ zu dürfen. In modernem Jargon könnte man diesen Vorgang als: *Rent a child* umschreiben – es ›gehört‹ der Frau nicht, sie hat es ›nur‹ in Obhut. Eine grausame Gefühlsambivalenz, dieses Mutterdasein! Männer können wohl verantwortlich gemacht werden für Kinder. Frauen sind verantwortlich.

Es wäre müßig, uns über dieses biologisch bedingte Ungleichgewicht aufzuhalten. Ändern kann man es nicht – aber sehr wohl Zusammenhänge erkennen und dadurch Verstrickungen vermeiden.

Instinktiv suchen Menschen in schweren Stunden nach Frauen, nach Müttern. Der vielbelachte Aufschrei ›Mama!‹ in kritischen Situationen hat einen realen und tiefverwurzelten seelischen Hintergrund.

Dieser Hilferuf illustriert in knapper Form die Bedeutung und Macht der Mutter, ob bewußt oder nicht.

Mutter-Sein ist durchaus vergleichbar mit der Position eines Top-Managers an der Spitze eines Unternehmens. Wohl hat er Mitarbeiter oder einen Verwaltungsrat zur Seite, doch seine Stimme ist letzten Endes maßgebend. Wenn er zuviel Verantwortung delegiert, riskiert er Katastrophen – wenn er hingegen zuwenig abgibt, werden seine Mitarbeiter zur Unselbständigkeit und Denkfaulheit ›erzogen‹. Zudem riskiert er noch mehr Neid und Aggression als im ersten Fall. Vorwürfe kriegt er so oder so!

Jede höhere Machtstellung wird angegriffen und in Zweifel gezogen. Nur jemand, der genügend innere Reife und Sicherheit besitzt, wird diesem Druck standhalten können.

Es ist ein Leichtes, sich auszumalen, was passiert, wenn eine unreife und unsichere Frau Mutter wird. Und überdies Maßstäbe und Richtlinien setzen sollte für eine innerlich und äußerlich noch unselbständige Frau, für ihre Tochter. Das kann ja nur schief gehen!

Zudem ist jede kleine Tochter gefühlsmäßig wie eine ›Reinkarnation‹ der Mutter noch zu deren Lebzeiten.

Seltsam anmutende mütterliche Segenssprüche mögen dieses Töchterchen begrüßen: »Du sollst es besser haben als ich«, »Keinesfalls mache ich das mit Dir, was man mit mir gemacht hat«, »Wir werden nur Freundinnen sein«. Wünsche, die wie Bannsprüche wirken gegen eine erahnte negative Macht, die sich erstmals leise regt.

Mutter und Tochter beginnen ihren gemeinsamen Weg.

Mutter und Tochter

Die Mutter hat nun eine kleine Tochter. Sie hat aus ihrem eigenen Fleisch und Blut eine winzige Frau *geschaffen.*

Dieser Geburtsakt ist umso kreativer zu verstehen, als die Mutter tatsächlich ein Stück von sich und ›wie sie‹ vor sich sieht. Eine Chance, eine Möglichkeit, vieles an sich über dieses kleine Wesen wieder gut zu machen.

Tief in ihrem Innern regt sich das kleine Mädchen, das sie selbst einmal war und erinnert sie an längst vergangene Erlebnisse. Meistens Erlebnisse, die sie ihrer kleinen Tochter ersparen will. Wie Hildegard Knef für ihre Tochter singt: »Für dich soll's rote Rosen regnen...« Anscheinend gab es für sie selbst wenig rote Rosen, oder sie hatten schlimme, verletzende Dornen. Kurz: Die Tochter, als noch-formbare Ich-Verkörperung der Mutter, soll es anders, besser haben!

Diese Vorsätze sind nicht nur liebevoll, nachsichtig, beschützend zu verstehen. Die Mutter ist durchaus bereit, ihrer Tochter mit Strenge genau das zu verbieten, was ihr einmal selbst geschadet und Schmerzen zugefügt hat. Sie will eine *gute* Mutter sein – nötigenfalls mit Härte! Sie weiß doch aus eigener Erfahrung, was gut sein wird für ihre Tochter. Sie vergißt dabei völlig, daß sie sich ausschließlich an eigenen – akzeptierten oder abgelehnten – Werten orientiert, die ihr von ihrer Mutter vermittelt wurden, die ihrerseits...

Mit anderen Worten: Es steht immer nur das eigene mütterliche Programm zur Auswahl – frau kann es nehmen oder sich dagegen auflehnen.

Aus diesem teilweisen Annehmen und teilweisen Ablehnen entsteht das Programm für die Tochter, die dann ihrereits...

Natürlich wird dadurch das Auswahlspektrum immer kleiner, statt größer. Meistens ist es dann die dritte Generation Frau, die in irgendeiner Form revoltiert und dadurch eine *Programmänderung* herbeiführen kann.

In unserem Fall ist es die eßsüchtige, übergewichtige Tochter, die klar und deutlich die falsche Programmierung demonstriert – ohne vorerst die Möglichkeit zu haben, das Programm überhaupt erkennen zu können.

Brav läuft sie auf engen mütterlichen Pfaden, links und rechts begrenzt durch »Du darfst nicht...!« Die nähere Umgebung spielt mit – es regnet lauter »Du darfst nicht...!«

Die einzige Gegendruckmöglichkeit der Tochter sind einige zusätzliche Kilos – wenigstens auf diese Art kann sie sich Raum schaffen – aber auch das nur zu ihrem Schaden.

Zum unerkannten mütterlichen Programm kommen jetzt noch Trotz- und Abwehrreaktionen, gepaart mit dem neuesten Diätunsinn und Depressionen. Das Ganze scheint ein hoffnungslos wirres Knäuel zu sein.

Die Frage drängt sich auf: Was ist, wenn mehr als ein Mädchen in der Familie ist? Welche Tochter wird von der Mutter kastriert? Erwiesenermaßen wird nur die Tochter – oder die Töchter – kastriert, die von klein auf deutliche Persönlichkeitsmerkmale zeigt, die der Mutter später gefährlich werden könnten. Angepaßte Töchter müssen logischerweise nicht ›entschärft‹ werden.

Wann begann das (stief-)mütterliche Verstümmelungsprogramm? Was geschieht mit der *guten* Mutter?

Versuchen wir, mit dem Wissen um Aschenbrödels

Leidensweg folgendes Knäuel zu entwirren: Die Geschichte von *Eliane,* 23 Jahre, Bürohilfe, 168 cm groß, 84 kg.

Eliane

Ich bin die um 5 Jahre jüngere von zwei Schwestern. Während meine ältere Schwester Christiane es eher schwer hatte mit den Eltern, galt ich als das ›Sonnenscheinchen‹ der Familie.

Im nachhinein scheint es mir, daß überall dort, wo Christiane Schwierigkeiten hatte, ich alles doppelt einfach erlebte. Meine Schwester mühte sich unglaublich ab mit Schulaufgaben, Prüfungen, Lehrern – ich erinnere mich kaum an eigenen Aufwand.

Mein Vater war sehr stolz auf mich. Wo er nur konnte, nahm er mich mit. Schon als ganz kleines Ding durfte ich manchmal an Versammlungen teilnehmen, weil ich so brav stillsitzen konnte. Christiane nahm er nie mit. Ich hörte häufig meine Mutter leise schimpfen, ich würde maßlos verwöhnt, aber ich durfte trotzdem, immer hübsch gekleidet, mitgehen.

Einmal passierte etwas Schreckliches. Ich fiel mit einem neuen, weißen Kleid ins Wasser. Ich war etwa sechs Jahre alt, aber ich erinnere mich, als sei es gestern gewesen. Mein Vater und ich waren am See spazieren gegangen, und ich hüpfte von Stein zu Stein und rutschte plötzlich aus. Ich war nur erschrocken, aber das Kleid sowie die Schuhe und Söckchen waren natürlich schmutzig-naß. Mein Vater lachte nur und säuberte mich flüchtig; anschließend gingen wir nach Hause.

Und da passierte das Schlimme, ich träume heute noch davon: Meine Mutter schlug meinen Vater ins Gesicht und schrie unzusammenhängende Dinge; mich schickte sie ins Bett, mitten im Nachmittag. Das Gesicht meines

Vaters werde ich nie vergessen. Er sagte kein Wort, ging einfach in sein Arbeitszimmer und schloß leise die Türe. Ich wollte meine Mutter fragen, was mein Vater denn falsch gemacht habe, aber sie herrschte mich nur an, ich solle still sein.

Das war das einzige Mal, daß ich meine Eltern so sah. Vielleicht blieb es deswegen so wichtig für mich.

Sonst war meine Mutter eher munter und lustig, mein Vater zurückhaltend und nicht sehr gesprächig. Mutter wollte auch immer mit ihm tanzen gehen, aber dann lachte er nur und meinte, sie solle doch mit einer Freundin ausgehen. Aber langweilig war er trotzdem nicht, er konnte stundenlang mit mir spielen.

Christiane war meistens in ihrem Zimmer und las ein Buch oder half meiner Mutter. Aber irgendwie konnte sie es meiner Mutter nie recht machen – sie wurde gescholten, doch sie half trotzdem weiter. Ich selbst half wenig, meine Mutter schickte mich ohnehin bald weg mit dem Hinweis, ich solle für die Schule arbeiten. Ich ging dann in mein Zimmer und hörte Musik.

Eigentlich waren wir eine ganz glückliche Familie. Als ich 13 war, starb mein Vater an der Narkose einer Magenoperation. Man sagte uns, sein Herz habe einfach versagt. Es war eine schlimme Zeit. Mutter und Christiane weinten ununterbrochen; ich selbst fühlte mich leer und hatte fast keine Tränen. Christiane meinte, ich sei eben herzlos, das wisse sie schon längst. Sie und Mutter hatten lange ernste Gespräche, an denen ich nicht teilnehmen durfte.

Um diese Zeit begann ich zuzunehmen. Alle lachten mich aus wegen meinem ›Babyspeck‹ und versicherten, der gehe mit den Jahren und der ersten Liebe von selbst weg.

Meine Mutter begann mich zu beraten bezüglich Ernährung. Das fand ich ganz gut, aber ich wurde trotzdem immer dicker. In der Schule begann es schlecht und schlechter zu gehen. Ich hatte, ohne zu arbeiten, immer gute Noten gehabt, nun ging es so nicht mehr weiter. Ich hätte arbeiten müssen und wußte gar nicht wie. Ich bekam Nachhilfestunden bei einem älteren Lehrer. Er hatte eine monotone Stimme und wohnte in einer kleinen Wohnung, die ständig nach fettigem Essen roch. Es war sehr langweilig und nützte überhaupt nichts.

Im Herbst, als ich 14 war, wurde ich ins Provisorium versetzt; im Frühjahr darauf flog ich zur Mittelschule raus.

In dieser Zeit hatte meine Mutter begonnen, mit mir Hausaufgaben zu machen. Es war fürchterlich! Sie verlor schnell die Geduld und schrie mich an und beschimpfte mich. Ich war eine dumme Kuh, eine Null und sehr häufig eine hoffnungslose Niete und Versagerin. Am Anfang kamen mir noch die Tränen, und ich wollte meine Mutter beschwichtigen – aber dann gewöhnte ich mich daran und hörte gar nicht mehr zu.

Als ich zur Schule rausflog, hörte das Ganze auf. Meine Mutter sprach nur noch das allernötigste mit mir. Dafür war sie ständig mit ›ihrer lieben‹ Christiane zusammen. Es störte mich wenig, so hatte ich meine Ruhe. Ich dachte häufig an meinen Vater und aß unheimlich viel. Ständig hatte ich Hunger.

Inzwischen hatte meine Mutter eine Halbtagesstelle angenommen als Empfangsdame in einem Fitneß-Center. Sie erzählte allen, der Chef dort hätte sie aufgrund ihrer schlanken Figur und ihres guten Aussehens sofort eingestellt. Sie lernte nun eine Menge Leute kennen und hatte kaum mehr Zeit, zu Hause zu sein.

Christiane hatte eine ›glänzende Matura‹ gemacht und einen Freund gefunden, der immer wiederholte, was sie gerade sagte. Meine Mutter war selig.

Ich besuchte die Sekundarschule und war eine der besten Schülerinnen. Zudem hatte ich endlich eine gute Freundin, mit der ich über alles reden konnte.

Meine Mutter war wieder ganz zufrieden mit mir. Sie nahm mich mit zu ihrem Hausarzt wegen meines Gewichtes. Der verschrieb mir eine salzlose Diät und viel Bewegung.

Wir verabscheuten das salzlose, fade Essen, und Mutter hörte bald damit auf. Bewegung hatte ich in der Schule ja genug.

Der Berufsberater empfahl mir eine Lehre als Chemie-Laborantin. Ich war recht unentschieden, aber meine Mutter meinte, es sei so oder so eine gute Ausbildung, und ich könnte mich nachher noch immer verändern.

Also begann ich meine Lehre in einem Spitallabor. Dort gefiel es mir ganz gut; wir waren drei Lehrlinge und hatten es sehr lustig. Bis ich einen bösen Ausschlag kriegte, und es sich herausstellte, daß ich auf gewisse Chemikalien allergisch war.

Meine Mutter war sehr verständnisvoll und besorgt. Es wurde beschlossen, daß ich ein Jahr nach Vevey gehen sollte, um Französisch zu lernen in einem Haushalt mit zwei kleinen Kindern.

Christiane hatte sich verlobt und sprach davon, eine Dolmetscherschule zu besuchen. Mutter versuchte, sie davon zu überzeugen, daß ein Jurastudium viel mehr Möglichkeiten bieten würde, aber Christiane wollte nicht. Mutter war etwas verstimmt und sprach von ›Chancen verpassen‹. Auch Christianes Verlobter unterstützte die Mutter. Da erlebte ich zum ersten Mal, wie meine eher ruhige und unauffällige Schwester explodierte! Sie schrie meine Mutter an, sie solle endlich ›die Finger von ihr lassen‹, sie wolle selbst über ihr Leben bestimmen. Worauf meine Mutter ihr das Haus verbot – einfach so!

Noch am selben Tag zog Christiane zu ihrem vermutlich völlig verdatterten Verlobten.

Mutter schlug mir vor, nicht nach Vevey zu gehen, sondern eine Halbtags-Handelsschule zu besuchen. Ich fand das gut und blieb zu Hause. Zudem hatte ich mich verliebt.

Er schien auch sehr verliebt in mich und sagte, meine überflüssigen Pfunde würden ihn nicht stören. Er war sehr ehrgeizig und wollte es ›denen da oben‹ zeigen. Alles war für ihn sehr politisch.

Meine Mutter mochte ihn nicht und machte spitze Bemerkungen über seinen ›Arbeiterhintergrund‹. Mich warnte sie davor, schwanger zu werden. Eigentlich hatten wir nie über Sexualität gesprochen. Sie hatte mir zu meinem vierzehnten Geburtstag ein Buch mit Bildern zur ›Aufklärung‹ geschenkt – das war alles. Ab und zu ließ sie Andeutungen fallen über *Dinge,* die eine anständige Frau nicht mit sich machen lasse. Welche *Dinge* sagte sie nie.

Ich mochte die Zärtlichkeiten meines Freundes nicht so sehr – er tat mir dabei weh. Wenn ich mich verweigern wollte, nannte er mich kalt und lieblos und sprach eine Weile nicht mehr mit mir. Meistens gab ich dann nach.

Mit 18 trat ich aus der Handelsschule aus und suchte eine Lehrstelle als Goldschmiedin.

Meine Mutter war entsetzt, rechnete mir das sinnlos ausgegebene Geld für eine Privatschule vor und beteuerte, ich würde nie auf einen grünen Zweig kommen in so einem brotlosen Beruf. Ich setzte mich durch, von meinem Freund unterstützt.

Ich war jetzt um einiges leichter und begann, mir sogar zu gefallen. Dann wurde ich schwanger.

Ich war bereits im vierten Monat schwanger, als ich meine Schwangerschaft zu bemerken wagte. Meine ausbleibende Periode schrieb ich allen anderen möglichen Faktoren zu. Als der Arzt mir meine Schwangerschaft bestätigte, brach für mich eine Welt zusammen. Seine Gratulation empfand ich als pure Ironie.

Mein Freund sagte zwar zuerst, ich hätte besser aufpassen und die Pille nehmen können, meinte aber dann, er verdiene jetzt genug, wir könnten sofort heiraten.

Meine Mutter erinnerte mich an ihre Warnung vor ungewollter Schwangerschaft, reagierte aber erstaunlich gelassen. Ich war auf einen Riesenkrach vorbereitet und daher sehr erleichtert. Trotzdem fühlte ich mich völlig gefangen. In einer Sackgasse gelandet. Ich gab die Lehre auf und ging auf Wohnungssuche. Meine Mutter meinte zwar, wir könnten bei ihr wohnen, das Haus sei groß genug, aber mein Freund wollte nicht.

Als ich endlich eine Wohnung fand und mit dem Einrichten begann, besserte sich meine Stimmung wieder. Ich würde eine gute Mutter sein und meine beruflichen Pläne später realisieren.

Meine ganze Schwangerschaft verlief gesundheitlich problemlos. Wir heirateten, als ich im achten Monat war, und meine Schwester erkundigte sich spitz, ob wir nicht bis zur Taufe hätten warten können. Es wäre billiger, zwei Feste zusammen zu feiern. Christiane war unterdessen auch verheiratet, hatte die Dolmetscherschule beendet und arbeitete beim Roten Kreuz. Sie sah glücklich aus. Nur wollte sie nie mehr etwas mit meiner Mutter zu tun haben. Trotz meinen Vermittlungsversuchen blieb sie bei ihrer Weigerung. Übrigens war auch meine Mutter dagegen, Christiane wieder zu sehen. Nur glaube ich, wenn Christiane den ersten Schritt getan hätte, hätte sie vermutlich eingelenkt.

Jürg, jetzt mein Mann, war sehr geduldig mit mir. Er verstand, daß ich meine Ruhe brauchte und ließ mich allein schlafen. Er wollte nur nicht, daß seine Eltern das erfuhren. Er behauptete, sie würden ihn als Schwächling verspotten, wegen den zwei Schlafzimmern.

Meine Mutter kam häufig auf Besuch, lobte oder kritisierte den Zustand der Wohnung und erkundigte sich nach meinem Gewicht, das viel zu hoch war. Ich tröstete mich damit, daß ich von anderen hörte, man nehme nach der Geburt, mit dem Stillen, ganz von selbst wieder ab.

Nun, es traf nicht zu! Nach der Geburt meiner Tochter war ich noch 79 kg schwer – bei einer Körpergröße von 168 cm! Ich trug meine Umstandskleider einfach weiter. Ich sagte mir, daß ich erst neue Kleider kaufen werde, wenn ich abgenommen habe. Nur nahm ich nicht ab, sondern zu!

Neben meiner kleinen Tochter und dem Haushalt begann sich mein Alltag um mein Gewicht und um meine neueste Diät zu drehen. Auch mein Mann engagierte sich stark für mich. Er kontrollierte mein Essen, verbot mir nachzuschöpfen, brachte neue Diätvorschläge nach Hause... Was er nicht sehen konnte, waren meine unzähligen ›Zwischenmahlzeiten‹, während er in der Werkstatt war. Ich war kaum in der Lage, am Kühlschrank vorüberzugehen, ohne ihn zu öffnen und mir ›Kleinigkeiten‹ herauszunehmen. Am Morgen beim Aufwachen blieb ich noch eine Weile liegen und überlegte mir, was ich heute gerne essen würde, und was ich nicht essen sollte. Meine guten Vorsätze setzten immer dann ein, wenn ich mich randvoll gestopft hatte. Meine Gefühle waren dann eine Mischung aus Scham, Übelkeit und dem Bewußtsein, wieder versagt zu haben.

Mit meiner kleinen Tochter ging ich praktisch jeden Tag ins Restaurant im Lebensmittelgeschäft. Wenn ich es schaffte, dort weder belegte Brote noch Gebäck zu essen, fiel ich dafür zuhause buchstäblich über alles Eßbare her.

Meine Mutter und mein Mann berieten sich untereinander. Ich wurde in teure Kuraufenthalte geschickt. Natürlich nahm ich ab – aber kaum war ich wieder zu Hause, überkamen mich wahre Gieranfälle. Resultat: Ich war schwerer als vor dem Kuraufenthalt.

Schließlich empfahl mir unser Hausarzt den Besuch bei einer Psychologin. Dort sprach ich stundenlang über Frust, über sexuelle Schwierigkeiten, über Beziehungsstörungen, über meine Eltern und vor allem über meine Beziehung zu meiner Mutter. Diese Aussprachen taten mir gut, ich sah plötzlich Zusammenhänge in meinem Leben, von denen ich nichts geahnt hatte. Ich begann auch, meine Mutter in einem anderen Licht zu sehen. Nicht mehr so aufopfernd, sondern eben auch beherrschend. Anscheinend hatte das Christiane vor mir erkannt.

Am Anfang der Therapie nahm ich schnell ab. Doch dann stellte sich das alte Muster wieder ein: ich fraß.

Ich hatte mich monatelang gegen meine Mutter gestellt, die mir immer wieder sagte, daß mein ›Seelenstreicheln‹ mein Gewichtsproblem nicht lösen werde. Schließlich ging ich nicht mehr zur Psychologin. Nicht, weil meine Mutter das wollte – sondern weil es mir keinen Erfolg brachte. Ich war dick wie eh und je.

In meiner Verzweiflung trat ich einer örtlichen Organisation von übergewichtigen Frauen bei, die unter Leitung abnahmen. Für mich war das eine Offenbarung! Ich lernte unheimlich viel über Ernährung, hatte Kontakt mit Gleichgesinnten und nahm innerhalb eines Jahres problemlos 27 kg ab! Ich war stolz und glücklich.

Mein Mann lobte mich, meine Freundinnen waren neidisch, meine Mutter relativ einsilbig und stets darauf bedacht, mir zu wiederholen, ich müsse weiterhin aufpassen.

Meine kleine Tochter war nun fast vier Jahre alt und recht selbständig. Ich traf ein Abkommen mit einer Freundin, daß sie Sandra drei halbe Tage pro Woche hütete, während ich in eine Transportfirma ging, wo ich leichtere Schreibarbeiten erledigte. Die Atmosphäre dort war nett und kollegial, der Chef noch jung und stets zu Späßen aufgelegt. Ich hatte einen ›Jeans-Tick‹, d. h. ich trug nur noch möglichst anliegende Jeans und enge T-Shirts oder Pullover. Ich war hübsch.

Als der Chef mich das erste Mal zum Kaffeetrinken einlud, sagte ich begeistert zu. Es war lustig und entspannt. Meine gute Laune übertrug sich im Nu auf meine kleine Familie.

Ich begann plötzlich, Ausflüge zu machen mit Sandra und bestürmte meinen Mann, mich auszuführen, miteinander zu verreisen usw. Er schüttelte nur den Kopf über meine pötzlich erwachte Lebensfreude, aber es gefiel ihm. Er sprach jetzt davon, Computerkurse zu belegen, ohne das hätte heute kein Beruf Zukunft. Ich hatte schon immer seinen Ehrgeiz bewundert, obwohl wir dadurch wenig gemeinsame Zeit hatten. Nun war er, zusätzlich zu seinen Überstunden, noch zwei Abende pro Woche weg. Ich schrieb mich in einen Tanzkurs ein.

Nun – es kam alles ganz anders. Meine Mutter kam zum Frühstück, staunte, wie gut ich aussehe, tadelte mich aber wegen der knalligen Farbe meiner Fingernägel, fragte mich nach Einzelheiten über meine Stelle. Ich begann, ihr zu erzählen: Von meiner Lebensfreude, von meinen Plänen, von meinem Flirt mit dem Chef...

Was dann geschah, war furchtbar. Sie schrie mich an, sie benahm sich wie eine Furie, warf mir die abscheulichsten Schimpfwörter an den Kopf – dann stürzte sie ans Telefon, rief meinen Mann in der Werkstatt an und ließ ihm ausrichten, er müsse dringendst nach Hause kommen.

Während ich völlig verdattert versuchte, meine verständnislos weinende Tochter zu beruhigen, kam mein Mann, das Schlimmste befürchtend, in die Wohnung gestürzt. Bevor ich noch zu Worte kam, ›klärte‹ meine eigene Mutter meinen Mann ›auf‹ über das verschlampte und verhurte Leben seiner Frau. Mein Mann fragte immer wieder: »Ist das wahr, Eliane, ist das wahr?« Ich versuchte, mir Gehör zu verschaffen. Jürg wollte wissen, ob ich tatsächlich nach Arbeitsschluß meinen Chef getroffen hätte. Ich sagte: »Ja, aber...« Worauf er mich ins Gesicht schlug. Meine Mutter trug die schreiende Sandra weg – ich leckte meine Tränen mit der Zungenspitze und staunte, wie heiß Jürgs Schlag auf meiner Wange brannte.

Dann begann ich anscheinend zu kichern. Der Notfallarzt wurde geholt; er gab mir eine Spritze und verschrieb Beruhigungsmittel und einen Kuraufenthalt. Ich hatte einen ›leichteren‹ Nervenzusammenbruch.

Später – Jahrhunderte später – entschuldigte sich mein Mann bei mir. Ich meinerseits erzählte ihm alles, wie es war. Er verlangte, daß ich die Transportfirma verließ und häufiger zu Hause bei unserer Tochter sei. Sie brauche mich.

Mit meiner Mutter habe ich mich versöhnt. Ich weiß ja, daß sie ein hitziges Temperament haben kann, wenn etwas sie verletzt. Aber vertrauen kann ich ihr nicht mehr.

Ich erledige jetzt jeden Donnerstag die Buchhaltung einer kleinen Firma. Die Arbeit ist recht interessant, aber ich bin allein. Ich habe wieder zugenommen und wiege 84 kg. Ich mag nicht mehr in diese Gewichtsgruppe zurückgehen; für Diäten fehlt es mir an Durchhaltevermögen. Vermutlich bin ich willensschwach und labil. Selbst die erneuten Anstrengungen meines Mannes, mein Gewicht zu kontrollieren, scheitern. Wenn ich an mir heruntersehe und all das wabbelige Fett anschaue, wird mir halb übel. Und dann tröste ich mich aus dem Kühlschrank...

Ich fühle mich völlig blödsinnig und allein gelassen.

Diagnostische Auflösung

Elianes Geschichte können wir in vier Zeit-Etappen gliedern:

Die Jahre mit dem Vater
Die Jahre bis zur Bekanntschaft mit dem Freund
Die Beziehung zum Freund und späteren Mann
Die Geburt der Tochter und das Familienleben

Die Jahre mit dem Vater

Eliane war eindeutig ›Vaters Liebling‹. Ihre Stellung spürte sie umso deutlicher, als daneben ihre Schwester Christiane ein regelrechtes Schattendasein führte.

Von der Interaktion Eliane – Mutter wissen wir wenig. Die Mutter ›schimpfte zwar leise vor sich hin‹, stellte sich aber anscheinend in keinerlei Weise gegen Elianes Bevorzugung durch den Vater. Im Gegenteil: Eliane durfte ›hübsch gekleidet‹ immer wieder den Vater begleiten.

Wir erfahren, daß die Mutter gerne mit dem Vater tanzen gegangen wäre. Damit beschreibt Eliane in Kürze die Beziehung ihrer Eltern. Sie spricht nicht von Zärtlichkeiten, Streitigkeiten oder einfach Gesprächen der Eltern, nur von dem abgewiesenen Wunsch der Mutter. Die Vermutung liegt nahe, daß die Mutter häufiger Aufmerksamkeit wünschte, die sie nicht bekam. Die wiederholte Verweigerung des Vaters prägte sich Eliane ein. Sie spürte die Enttäuschung der Mutter und deren Unfähigkeit, eine Lebenssituation nach eigenen Wünschen zu gestalten und Ansprüche durchzusetzen.

Für Eliane war die Ohrfeige, die ihre Mutter dem Vater verabreichte, sehr bedeutsam. Sie erkannte deutlich, daß hier etwas zwischen Mutter und Vater explodierte. Ihr schmutzig-nasses Kleid war nur das Ventil für etwas Aufgestautes, das sich nun Luft machen konnte. Was?

Die Möglichkeit der bereits auf die kleine Tochter eifersüchtigen Mutter können wir weglassen. In dem Falle hätte Eliane ihre Mutter eher verbietend und aggressiv gegenüber ihrer Nähe mit dem Vater erlebt. Die Mutter äußerte sich aber einzig über ›maßloses Verwöhnen‹.

Das Beziehungsschema Vater – Mutter – Eliane weist eindeutig darauf hin, daß die Mutter sich mit der kleinen Tochter identifiziert. Sie erlebt also über sie die Beziehung zu ihrem Mann. Anstatt selbst hübsch gekleidet mit dem Mann auszugehen, läßt sie die Tochter an ihre Stelle treten. Somit wäre die Beziehung Mann – Frau durch die Vater-Tochter-Beziehung ersetzt. Das Ausrutschen und Hinfallen von Eliane wäre dann der Beweis der mangelnden Aufmerksamkeit des Vaters *und* Ehemannes. Und hier *darf* die Mutter explodieren – es geht ja um die Tochter, nicht um sie. So wenig sie als Frau gegen seine mangelnde Aufmerksamkeit als Mann ihr gegenüber protestiert, so sehr *darf* sie als Mutter die mangelnde Aufmerksamkeit des Vaters gegenüber der Tochter bestrafen. Der Vater *akzeptiert* die Strafe, er zieht sich aber auch hier zurück. Es gibt nicht einmal eine Auseinandersetzung. Er geht in sein Arbeitszimmer – die Mutter bleibt draußen.

Die Zeit der Identifikation mit ihrer Tochter hört für die Mutter schlagartig mit dem Tod des Vaters auf. Eigentlich hätte die Mutter jetzt die ›Chance‹, eine eigene Identität aufzubauen. Sie müßte sich mit ihren Ansprüchen und Wünschen auseinandersetzen. Ein unbequemer Weg!

Die Jahre bis zur Bekanntschaft mit dem Freund

In Elianes frühen Jahren scheint die Schwester Christiane eine eher unwichtige Rolle zu spielen. Sie ist die, die in ihrem Zimmer ein Buch liest, aber auch die, die sich zur Mutter gesellt, um ihr zu helfen. Wir können uns Christiane auch ohne nähere Beschreibung gut vorstellen: freundlich, etwas nichtssagend, hilfsbereit und farblos als Persönlichkeit. Sie fällt nicht auf und eckt auch nirgends an. Ein nettes, angepaßtes Mädchen, das sich ständig bemüht und dem schulischen Alltag mit Anstrengungen begegnet. Gelobt wird sie kaum, läßt sich aber deshalb nicht entmutigen. Daraus können wir schließen, daß Christiane eine tüchtige Portion Ausdauer und Hartnäkkigkeit besitzt.

Erst als der Vater stirbt, wendet sich die Mutter Christiane zu.

Zu ihrer jüngeren Tochter hatte sie nie eine eigenständige Beziehung – Eliane war ja ›nur‹ eine positive Verkörperung ihrer selbst, die vom Mann (Vater) die gewünschte Aufmerksamkeit und Zuneigung bekam. Mit dem Tod des Mannes erlischt diese Form der Identifikation, die eigentliche Beziehung Mutter – Tochter müßte sich entwickeln. Das würde einen ›Abnabelungsprozeß‹ der Mutter bedingen, zu welchem sie nicht bereit ist.

Statt dessen wendet sich die Mutter der bisher wenig beachteten älteren Tochter zu. Mit dieser ›Wenig-Beziehung‹ umzugehen, fällt ihr leichter, als eine neue Beziehungsform mit Eliane zu finden und zu entwickeln. Ein eher schwaches Bindeglied besteht ohnehin noch: Eliane ist eine gute Schülerin, die anscheinend mühelos ihren Weg macht. Vermutlich ist sie genau die Schülerin, die ihre Mutter gerne gewesen wäre.

Doch Elianes Mühelosigkeit bekommt Risse, und es zeigt sich, daß sie trotz Nachhilfeunterricht nicht mehr in der Lage ist, sich in der Schule zu halten. Sie verliert immer mehr Boden unter den Füßen. Jahrelang wurde sie buchstäblich von der väterlichen Fürsorge getragen und genoß die Bewunderung der Eltern.

Christiane mußte helfen, sie hingegen sollte sich dem Lernen zuwenden – sie war zu ›Höherem‹ bestimmt. Da sie nie wie Christiane eine eigene Identität entwickeln mußte, sondern nur die positiven *Möchtegern*-Seiten der Mutter spiegelte, findet sie jetzt keinen Halt in sich selbst. Eliane hat ständig Hunger, sie ißt zuviel, sie nimmt zu. Sie verschafft sich, wenn schon kein inneres, so doch wenigstens ein äußeres *Gewicht*.

Dadurch, daß Eliane allmählich ›durchschnittlich‹ wird, erkennt sich die Mutter unbewußt *wieder* in ihr, aber dieses Mal auf negative Art. Sie bezeichnet Eliane als ›Null‹, als ›Versagerin‹, weil sie das nicht realisieren kann, was sie als Mutter – wissentlich oder unwissentlich – für sich selbst anstrebte. Dadurch überträgt sie definitiv ihre eigene Verunsicherung und ihr Ungenügen auf Eliane, ohne sich je damit auseinandergesetzt zu haben.

Es besteht keinerlei Einsicht in die Zusammenhänge zwischen ihrer Lebenssituation und Elianes Schwierigkeiten.

Die klare Botschaft an die Tochter würde sonst lauten: »Ich habe es früher nicht geschafft, ich habe versagt... Du hättest meine Mißerfolge für mich wettmachen sollen! Jetzt hast Du mich im Stich gelassen – ich bin mit meinen Versagenserinnerungen allein. Ich bin deshalb wütend auf Dich!«

Da die Mutter nicht in der Lage ist, solche Zusammenhänge zu erkennen, wendet sich sich von Eliane ab. Ihr Interesse erwacht wieder, wie Eliane eine gute Sekundarschülerin wird und eine Lehre als Chemielaborantin beginnt.

Die Mutter selbst ›tut‹ etwas für sich: Sie wird Empfangsdame in einem Fitneßcenter und bekommt so etwas Bestätigung durch die Umwelt. Sie erzählt allen, daß sie aufgrund ihres Aussehens die Stelle sofort erhielt. Ein deutlicher Hinweis, wie sehr auch der körperliche Aspekt ihrer Weiblichkeit verunsichert und bestätigungshungrig ist.

Inzwischen ist Eliane immer dicker geworden. Gerade

junge Mädchen reagieren auf die Hormonumstellung durch die pubertätsbedingte Östrogenausschüttung mit Ansetzen von ›Babyspeck‹, der eigentlich problemlos nach einigen Jahren wieder verschwinden sollte. Statt Eliane darüber aufzuklären und eventuelle Umstellungen auf leichtere und abwechslungsreiche Kost vorzunehmen, werden die überflüssigen Pfunde neu als Problem fixiert. Es erfolgt der Besuch beim Hausarzt, der prompt Elianes erste Diät verschreibt.

Das zweiseitige Engagement der Mutter wird deutlich. Einerseits ›berät‹ sie Eliane, läßt ihr eine Diät verschreiben – andererseits hört sie bald auf mit dem Zubereiten der ›faden‹ Diät und scheint ebenfalls anzunehmen, die Schule biete genügend körperliche Bewegung. Eliane erlebt also Verunsicherung durch vermutlich pubertätsbedingtes Übergewicht, Diätvorsätze und Diätscheitern auf einmal. Das Ganze wirkt wie ein Startschuß in die Eßsucht.

Erneutes ›Versagen‹: Die von der Mutter unterstützte Lehre als Chemielaborantin wird durch Hautallergien unmöglich gemacht. Wiederum ein Plan der Mutter, der scheitert. Elianes ›Ungenügen‹ wird immer deutlicher.

Jetzt soll Eliane fort. Ein Jahr Au-Pair-Mädchen scheint eine bequeme Lösung. Aber jetzt geschieht der Bruch zwischen der Mutter und Christiane. Die ältere Schwester ist ihren Ausbildungsweg ruhig weitergegangen. Wir erfahren nichts über Höhen und Tiefen. Sie hat die Matura bestanden und will die Dolmetscherschule besuchen. Dadurch, daß sich ihr die Mutter nach dem Tod des Vaters und Elianes *Versagen* zugewandt hat, sollte Christiane jetzt auch mütterlicher Planung teilhaftig werden. Die Mutter wünscht ein Jurastudium, unterstützt durch Christianes Verlobten. Aber Christiane *explodiert.*

Eine Menge aufgestauter Aggressionen gegen mütterliche Einmischung brechen auf. Sie scheint weder von der Mutter noch von ihrem Verlobten beeinflußbar zu sein. Sie ist und bleibt *sie selbst,* eine junge Frau mit eigener Identität.

Die Mutter kann keinerlei Form von Eigenständigkeit akzeptieren oder respektieren – sie verspürt darin nur die Mißachtung und Abweisung ihrer selbst. Christiane wird des Hauses verwiesen. Unwillkürlich erinnert uns diese mütterliche Strafe an das alttestamentarische Gebot: »Du sollst keinen anderen Göttern neben mir dienen... denn ich bin ein eifersüchtiger Gott.«

Allein bleiben möchte die Mutter aber auch nicht. Schlagartig geht Eliane nicht mehr auf ein Jahr nach Vevey, sondern *darf* auf eine Privatschule und somit zu Hause bleiben. Und wieder fügt sich Eliane widerspruchslos. Als Grund gibt sie erste Verliebtheit an. Uns kann das nicht mehr täuschen – allmählich sehen wir Eliane deutlich vor uns: Völlig der Willkür der Mutter ausgeliefert, ohne eigene Persönlichkeit, ohne zu überlegen, was wohl richtig und wichtig für sie selbst wäre.

Sie hat erkannt, wieviel mehr Zuwendung sie erhält durch Anpassung und Passivität – also durch die restlose Selbstaufgabe. Eliane wird immer mehr das Geschöpf ihrer Mutter.

Die Beziehung zum Freund und späteren Mann

Mit der Beziehung zum Freund beginnt eine neue Lebensphase für Eliane. Jürg scheint sie zu akzeptieren wie sie ist, auch mit ihren ›überflüssigen Pfunden‹. Er vermittelt Eliane dadurch eine völlig neue, innere Sicherheit – plötzlich hat sie einen konkreten Berufswunsch, den sie ohne Zögern realisiert. Selbst ihre Mutter kann nur einen schwachen, nutzlosen Protest äußern.

Eliane ist stark: mit und durch Jürg. Vermutlich sieht er es lieber, wenn seine Freundin auch einen handwerklichen Beruf ausübt, denn eine Handelsschule besucht. Seine eigentlichen Gründe spielen aber im Moment keine Rolle; er unterstützt Eliane in ihrem eigenen, selbstentwickelten Anliegen. Und Eliane ist glücklich.

Sie spürt sich, fühlt sich innerlich stark und selbstbewußt – die äußere *Gewichtung* wird überflüssig.

Die sexuellen Schwierigkeiten mit Jürg und die Tatsache, daß sie ihn kaum oder nicht begehrt, sind für sie ohnehin zweitranging. Sie hat kein gutes Verhältnis zu ihrem Körper. Ihre Mutter konnte ihr kein positives Körpergefühl vermitteln, nur Verunsicherung. Intimer Kontakt mit einem Mann ist etwas, was eine Frau wohl oder übel über sich ergehen lassen muß.

Allein die Tatsache, daß ihre Mutter ihr zur Aufklärung nur ein Buch schenkte – ohne Gespräche, ohne Erklärungen – zeigt deutlich, daß auch für die Mutter Sexualität kein Thema ist. Im Sinne von: Informiert sollte man *darüber* sein, aber sonst ist *es* buchstäblich nicht der Rede wert. Eine klare stumme ›Nein-Botschaft‹ über Körperlichkeit von Mutter zur Tochter.

Die Warnung vor Schwangerschaft tönt bereits nach einem weiteren Programmpunkt der Mutter. Zusätzlich kommt noch der mysteriöse Hinweis, daß es ›anständige‹ Frauen gibt im sexuellen Bereich – und andere, offenbar ›unanständige‹.

Die Vermutung liegt nahe, daß ›unanständige‹ Frauen diejenigen sind, welche Freude haben an sinnlicher Körperlichkeit.

Die Mutter hatte keine Freude daran – Eliane, die ihr

am nächsten stehende Tochter, soll und darf auch keine erfüllte Weiblichkeit haben.

Eliane ist sich dieser mütterlichen Kastration so wenig bewußt, daß sie nicht einmal ein Problem darstellt. Sie erzählt von den Intimitäten mit ihrem Freund: »...er tat mir dabei weh«. Sie sprach also auch nicht mit ihm darüber. Ziemlich sicher hatte Jürg kaum eine Ahnung, wie es um Elianes körperliche Empfindungen ihm gegenüber stand. Vielleicht beklagte er nur insgeheim ihren ›Mangel an Temperament‹.

Ausgerechnet in dem Moment, als Eliane ›droht‹, innerlich selbstbewußter und somit selbständiger zu werden, sich abzunabeln von der mütterlichen Herrschaft, erfüllt sich der *Programmpunkt* der Schwangerschaft.

Natürlich kann sie nicht damit umgehen – sie braucht vier Monate, um überhaupt wahrhaben zu können, daß sie ein Kind erwartet. Zu spät, um an eine mögliche Abtreibung denken zu können.

Ihre Mutter hat sie wieder im Besitz. Für Eliane bedeutet ein Kind die Muß-Ehe, das Ende eines Berufswunsches, die Rückkehr in ihr, von der Mutter unbewußt geplantes, unbefriedigendes Leben.

Wieder steht die alte Eliane vor uns: Ohne eigenen Willen, jetzt auch dem Freund gefügig, Jürg darf ihr Vorwürfe machen über mangelnde Verhütung – erklärt sich aber dann zur Ehe bereit.

Es scheint keine Frage an Eliane gewesen zu sein; ihr Ja-Wort wird vorausgesetzt.

Eliane ist sogar erleichtert, daß das erwartete mütterliche Donnerwetter ausbleibt. Sie interpretiert es vermutlich als Großzügigkeit, genauso wie den Vorschlag, im elterlichen Haus wohnen zu bleiben.

Wenn wir uns diese ganze Situation bildlich vorstellen,

so wäre die Mutter eine Spinne, in derem Netz sich die Tochter als Fliege immer hoffnungsloser verstrickt. Eliane findet sich schnell mit der neuen Situation ab. Sie wird ihre Pläne eben ›später‹ realisieren und sich jetzt ihrerseits darum bemühen, eine *gute* Mutter zu sein.

Jetzt taucht prompt wieder ihr Gewichtsproblem auf und wird zunehmend wichtiger. Aber auch das soll sich ja ›später‹ lösen (bei der Geburt, beim Stillen ...).

Es zeigt sich immer deutlicher, wie sehr Elianes Gewicht das Symptom ihres beschnittenen Lebens, ihrer Kastration ist. Als anschauliches Beispiel können wir Schnupfen nehmen: Nicht die gerötete, laufende Nase oder der Husten sind Urheber des Schnupfens – sondern die Verkühlung. Sämtliche anderen unangenehmen Erscheinungen sind ›nur‹ die Symptome, die uns darauf aufmerksam machen sollten.

Eliane versucht Symptombekämpfung, da sie weder Zusammenhänge noch Ursache ihres massiven Übergewichtes erkennen kann. Mit anderen Worten: Sie versucht ihre laufende Nase zu kurieren, denkt aber nicht daran, wärmere Kleidung anzuziehen.

Noch einmal hören wir von Christiane. Sie hat ihr Leben ›im Griff‹. Da die Mutter und Christiane einander nie nahe genug waren, scheinen allfällige Kastrationsversuche der Mutter erfolglos gewesen zu sein. Christiane ist frei und hält sich bewußt auf Distanz gegenüber der Mutter, begibt sich also nicht in deren ›Netze‹.

Eliane versucht, die beiden zusammenzubringen. Es fällt ihr gar nicht ein, die Gründe für diese Distanz auszuforschen, um dadurch etwas über ihre eigene Situation zu bemerken. Eliane sieht nur das, was sie sehen ›darf‹. Sie lebt bereits die gleiche Blindheit sich selbst gegenüber wie ihre Mutter.

Die Geburt der Tochter und das eigene Familienleben

Eliane ist nun verheiratet, hat eine kleine Tochter und führt ihren Haushalt. Die Mutter ist nach wie vor die *Kontrollinstanz* in Elianes Leben. Nur hat sich der Machtbereich der Mutter jetzt auch auf den Haushalt der Tochter erweitert.

Wir wissen sonst sehr wenig über Elianes Alltag. Die Höhepunkte des Tages scheinen im Restaurantbesuch zu liegen. Dabei spricht sie weder von Ausflügen noch von Spielen mit ihrer Tochter.

Die Kontrollbesuche der Mutter, die Eß-Einkäufe, das steigende Gewicht – Elianes Leben bewegt sich in immer enger werdenden Bahnen. Selbst ihr Mann wird eingespannt in dieses Netz von Unsicherheit und Unselbständigkeit.

Auch er ›kontrolliert‹ jetzt. Für Eliane ist dieses Verhalten ja ein Zeichen von Zuwendung. Sie lebt in einer Sackgasse: »Wer mich liebt, kontrolliert mich und mein Leben.« Kein Gedanke an Eigenständigkeit – ihr Verhalten wird diktiert und zensuriert. Ihr schlechtes Gefühl dabei schreibt sie ihrem *Versagen* zu.

Eliane orientiert sich nach wie vor an ihrer nächsten Umgebung (Mutter, Mann...) und erlebt dabei immer mehr, daß es so nicht funktioniert. Da ihr aber die Sicht in die Zusammenhänge fehlt, glaubt sie an ihre *Schuld,* weil sie den Anforderungen der Umwelt nicht genügt. Dadurch macht sie ihre Symptome (Übergewicht) zu ihrer Krankheit und erlebt sich in deren erfolglosen Bekämpfung als wiederholte Versagerin.

Wie ein Kind entzieht sie sich anderseits der Kontrolle: durch ihre heimlichen ›Zwischenmahlzeiten‹. Eliane wäre zu diesem Zeitpunkt völlig sprachlos gewesen, hätte ihr jemand gesagt, sie gebe ihrem Mann Kontrollfunktionen über ihr Eßverhalten, um sich dem entziehen zu können! Denn nur wer kontrolliert wird, kann sich der Kontrolle völlig entziehen. Ohne äußere Kontrolle müßte sich ja Eigenverantwortung, also Eigenständigkeit entwikkeln.

Es ist für Eliane, die nie gelernt hat, für sich selbst zu schauen, wesentlich einfacher, von äußeren Werten bestimmt zu werden. Dabei ist ihr wiederholtes *Versagen* nichts anderes als ein deutlicher Hinweis, daß besagte äußere Werte und Anforderungen für sie eben nicht stimmen. Sie müßte eigene entwickeln und würde dadurch ihren Selbstwert steigern. Die Loslösung von der Mutter wäre erreicht.

Die Eßkontrolle in ihrem Leben steigert sich zum Kalorienterror. Erfolglose Diäten lösen Kuraufenthalte ab. Mutter und Mann bilden jetzt eine Einheit mit dem erklärten Ziel, Eliane zu ›helfen‹. Eliane ist nun völlig entmündigt durch die ständige Kontrolle, die sie als Liebesbeweis mißversteht.

Natürlich hat das Ganze wiederum nichts mit Eliane und mit ihrer Persönlichkeit zu tun. Nur scheinbar soll das Symptom Übergewicht verschwinden. In Wahrheit hat die Mutter ein vitales Interesse daran, daß Eliane so bleibt, wie sie seit jeher war. Ihre Beziehung zu Eliane basiert auf Übertragung, d. h. *Sich-in-der-Tochter-sehen.*

Eine Eliane, die sich nicht mehr ›helfen‹, sprich lenken läßt, sondern ihr Leben anpackt und in Griff bekommt, würde sich dieser falschen mütterlichen Zuwendung entziehen. Dann wäre die Mutter wieder allein, wie seinerzeit mit ihrem Mann.

Das beherrschende Gefühl im Leben der Mutter ist das

Alleingelassen-Werden. Immer wieder entzog sich ihr jemand und stellte sie somit in Frage. Natürlich war das schon ein Muster in ihrer Kindheit, wurde nicht erkannt und führte dadurch zu innerlicher Vereinsamung und Unzufriedenheit.

Nach einer schwierigen Kindheit und Jugend heiratet die Mutter einen Mann, der eher Gast im eigenen Haus ist und sich ihr verweigert. Sie erlebt wieder Enttäuschung und Einsamkeit. Natürlich denkt sie dabei an Schuld. Irgend etwas kann doch mit ihr nicht stimmen, sonst käme sie nicht in diese Situation. Entweder man liebt sie und kreist ununterbrochen um sie, oder man lehnt sie eben ab. Und jegliche Form von Ablehnung stellt sie als Person in Frage.

Durch diese tiefinnere Verunsicherung kann sich die Mutter nur stark und bestätigt fühlen, solange sie die Umwelt unter Kontrolle hat. In den Momenten, in denen sie kontrolliert, wendet man sich ihr auch zu. Ihr Trugschluß liegt darin, daß sie diese Art erzwungener Zu-Wendung als Zu-Neigung versteht. Das heißt: Jeglicher Kontrollverlust über ihre Umwelt bedeutet einen Zuwendungsverlust. Man liebt sie nicht mehr!

Das Schlimme ist, daß Zuneigung und Liebe nur außerhalb jeglicher Kontrolle gedeihen können. Die Mutter *muß* also immer wieder erleben, daß sie tatsächlich nicht geliebt werden kann. Die Menschen wenden sich ja alle – früher oder später – von ihr ab.

Sie kann in ihrer Verletztheit nicht verstehen, daß es ihr Beherrschen-Wollen ist, das abgelehnt wird. Echte und freie Zuneigung wird ohnehin bald durch Kontrolle erstickt.

Für die Mutter hat sich im Lauf der Jahre klar und deutlich herausgebildet: Wer mich liebt, hört auf mich und tut das, was ich für richtig halte! Dadurch werden ihre Person und ihre Werte nie in Frage gestellt. Wer Kritik übt, der liebt sie eben nicht und wird seinerseits abgewiesen. Kurz: »Wer mich auf meine Art liebt, ist in Ordnung und wird von mir akzeptiert und auch geliebt – und sonst eben nicht!«

Natürlich *mußte* wenigstens eine Tochter diese Leitlinie übernehmen, damit die Mutter ja nicht in Frage gestellt wird – in unserem Fall Eliane.

Für sie gilt: »Nur wer mich belehrt, beherrscht, kontrolliert und einengt, liebt mich.« Mit anderen Worten: es müssen Kontrollsituationen entstehen, sonst stimmt das System nicht mehr – es bilden sich Verlassenheitsängste.

Das mütterliche System bleibt auf diese Art stimmig. Eliane erfüllt sämtliche Programmpunkte der Mutter, um deren Leben um Himmels Willen nicht in Frage zu stellen.

Einmal schon versuchte Eliane, ihr unbewußt zu entschlüpfen: Als sie die Lehre als Goldschmiedin begann. ›Zum Glück‹ verhinderte die Schwangerschaft den Ausbruchsversuch; Eliane kehrte reumütig und dankbar zu der Mutter zurück.

Als der Hausarzt den Besuch einer Therapeutin empfahl, muß sich die Mutter erneut stark bedroht gefühlt haben. Sie hat eine dunkle Ahnung von seelischen Konflikten und den Schwierigkeiten, die dadurch ausgelöst werden könnten.

Nun – sie konnte beruhigt sein: Ihr Ausspruch über *Seelenstreicheln* stimmte. Die Therapiesitzungen ihrer Tochter blieben oberflächlich, enthüllten nur einige Binsenwahrheiten. Eliane hatte sich ihre Therapeutin auch nicht ausgesucht, um tatsächlich an sich zu arbeiten und

Zusammenhänge erkennen zu können. Sie wurde zum Hausarzt ›geschickt‹. Mit der Auflage, überflüssige Pfunde abzunehmen.

Ein neuer Diätversuch oder der Besuch eines Therapeuten, ›um abzunehmen‹, dürfte ungefähr gleich nutzlos sein. Beides kann nur kurzfristig erfolgreich sein, da es reine Symptombekämpfung darstellt.

Eine wichtige Voraussetzung für den Besuch beim Therapeuten wäre gewesen, daß Eliane diese offensichtliche *Fehlgewichtung* gespürt und als Hinweis auf etwas Unerkanntes und Übergangenes erkannt hätte. Also nicht das Hingehen, ›um abzunehmen‹, sondern das Hingehen, um herauszuarbeiten, ›warum kann und darf ich nicht abnehmen‹.

Eliane hört auf mit sämtlichen anderen Schlankheitsversuchen – wie schon seinerzeit in der Pubertät mit der ›faden Diät‹. Aber hinter diesem ›Versagen‹ steckt eine unbewußte Erkenntnis: Es hilft doch nicht, es stimmt ja nicht für mich.

Die Mutter erlebt nun eine neue Loslösungs-Drohung, in einer viel ernsteren Form als bisher. Eliane tritt einer Schlankheitsgruppe bei; aus eigenem Entschluß. Und nimmt problemlos ab!

Es erinnert uns spontan an den Anfang ihrer Goldschmiedlehre. Eliane fühlt sich toll und stark, entwickelt Lebensfreude und zeigt beginnende Selbständigkeit.

Aber etwas wissen wir bereits: Es kann nicht von Dauer sein. Das Ganze steht auf zu schwachen Füßen. Wohl erlebt Eliane jetzt die tragende Stärke von sinnvoller Gruppenmotivation, aber ohne selbst erarbeitetes Fundament.

Logischerweise kann also dieses neue Lebensgefühl nur solange andauern, als die Stützung durch die Gruppe besteht. Nachher müßte sofort wieder ein neuer, äußerer Halt gefunden werden.

Eliane findet ihn auch: in einer Transportfirma und in der Person ihres Chefs.

Dieser trügerische Halt gibt ihr auch trügerische Sicherheit.

Die Mutter spürt das genau. Hätte Eliane tatsächlich Sicherheit und Eigenständigkeit entwickelt, müßte die Mutter sich entweder von ihr distanzieren (wie mit Christiane) oder eine neue Beziehungsform suchen. So aber schlägt sie erbarmungslos Elianes Schein-Entwicklung kurz und klein!

Als Vorwand benutzt sie die kleine Romanze zwischen Eliane und ihrem Chef. Sie zögert auch nicht, Jürg als zusätzliche Schachfigur einzusetzen. Und Jürg spielt brav und ahnungslos mit!

Ganz nebenbei können wir bemerken, wie die kleine Tochter bereits die mütterliche Hilflosigkeit und Ohnmacht miterlebt.

Nun stimmt alles wieder! Dieses Mal ist Eliane zwar nicht *reumütig* zurückgekehrt, sondern resigniert stehen geblieben. Sie *verzeiht* ihrer Mutter, möchte ihr aber nicht mehr vertrauen. Ihr Leben soll jetzt in der vorgeschriebenen Bahn ablaufen: kastriert, sowohl innerlich wie äußerlich.

Das mütterliche Programm ist vollbracht!

Der Weg zur Therapie

In Elianes Geschichte sind die Lebens-Beschneidungsversuche durch die Mutter deutlich mit Körpersymptomen ausgedrückt. Es dürfte aber klar sein, daß mütterliche Kastration durchaus auch andere Aspekte haben kann. Nur das Ziel ist immer dasselbe: Das Leben der Tochter darf nicht besser sein als das eigene.

Mütterliche Kastration, die sich in Übergewicht ausdrückt, ist am augenfälligsten und daher am einfachsten zu diagnostizieren.

Mit dem Erkennen ihrer Kastration und deren Ausmaß steht die übergewichtige Tochter erst am Anfang der eigenen Entwicklung zur Selbständigkeit und Eigenwert-Steigerung. Aber Schritt für Schritt spürt sie ihre zunehmende Sicherheit und erlebt sich immer unabhängiger von ihrer Umwelt.

Sie hat sich gelöst vom mütterlichen *Fluch* und beginnt ihr eigenes Schicksal zu gestalten.

Dieser Prozeß ist durchaus vergleichbar mit einer zweiten Geburt, diesmal aber bewußt und von eigenen Entscheidungen getragen.

Eliane kam nach einem mißglückten Selbstmordversuch zu mir in Therapie. In Abwesenheit von Jürg und ihrer Tochter schluckte sie Schlaftabletten, wild durcheinander mit Alkohol. Glücklicherweise wurde ihr übel; sie begab sich allein in die Notfallstation, wo ihr der Magen ausgepumpt wurde.

Sie erzählte vom leicht verächtlichen Mitleid des Pflegepersonals, von der Bevormundung durch den diensthabenden Arzt und der demütigenden Befragung des Psychiaters. Das Schlimmste aber war das Gespräch darüber, ob sie in eine Nervenheilanstalt eingewiesen werden sollte oder nicht.

Eliane wurde plötzlich bewußt, daß eigentlich immer ›andere‹ über sie bestimmt hatten. Mit wenigen Ausnahmen waren ihre eigenen Entschlüsse immer nur kurzfristig und zum Scheitern verurteilt gewesen. Sie suchte in ihrem Leben nach dem Anfang dieser *Fremdbestimmung* und erinnert sich dabei an ein kleines Kindheitserlebnis.

Sie durfte ihren Vater wieder einmal begleiten und wollte eines ihrer Lieblingskleider anziehen. Ihre Mutter aber verbot es ihr mit den Worten, es würde ihrem Vater weniger gut gefallen als ein anderes. Widerspruchslos nahm Eliane das andere Kleid entgegen.

»Ich erinnere mich, daß meine Mutter immer die besseren und stärkeren Argumente hatte als ich. Nie hatten sie etwas mit mir zu tun, immer nur damit, was andere und sie von mir erwarteten. Mich gab es gar nie!«

Ein bitterer Ausspruch von Eliane. Tatsächlich versuchte sie, sich völlig auszulöschen. Um erst dadurch zu spüren, daß sie doch eigene Ansprüche an ihr Leben stellte. Durch eine Bekannte von Christiane erfuhr Eliane meine Adresse. Sie gestand mir später, sie sei mit der Einstellung zu mir gekommen: »Wenn es mir nichts nützt – mehr schaden kann es auch nicht mehr.«

Elianes Therapie dauerte knapp 18 Monate, jeweils eine Stunde pro Woche und wenig Ferien. Eigentlich dauern Intensivtherapien in diesem Alter weniger lang – aber Eliane war ›psycho-geschädigt‹.

Ich benütze diesen Ausdruck, wenn jemand bereits erfolglos in Therapie war, sich aber dadurch ein mehr oder weniger großes Wissen über Psychologie angeeignet hat. Er hat dann fälschlicherweise den Eindruck, über sich

Bescheid zu wissen und Zusammenhänge erkennen und verstehen zu können. Daß er sich dabei irrt, läßt sich leicht beweisen durch Überprüfung seines Lebens: Eine stimmige Therapie wird Veränderungen zum Positiven ermöglichen – die oberflächliche oder nicht passende Therapie kann einen Konflikt unter Umständen auf Jahre hinaus fixieren. Nichts ändert sich, aber viel Geld wird ausgegeben.

Eliane nahm etwa nach einem halben Jahr langsam, aber stetig ab. Über ihr Gewicht wurde kaum je gesprochen – es war ja auch nur Symptom ihrer Kastration. Ihre Stunden wechselten ab zwischen eifrigen, schmerzhaften, mühsamen, stockenden Gesprächen über sich und gezielten Körperübungen zum Spüren und Erweitern des Ich-Bewußtseins. Eliane wurde immer mehr mit ihren mißachteten Gefühlen konfrontiert und lernte dabei, auf sich zu hören und eigene Entscheidungen zu treffen. Sie erlebte ihre unglaubliche Angst vor Liebesverlust. Es brauchte Zeit, bis Eliane spüren durfte, daß Selbständigkeit und Eigenverantwortung echten Respekt und Zuneigung bewirken und keineswegs zur Isolation führen. Allmählich konnte sie ihren passiven Panzer entbehren.

Nach etwa acht Monaten kamen Eliane und Jürg immer wieder zusammen zu Sitzungen, um über ihre Ehe und Partnerschaft zu sprechen. Jürg hatte selbst den Wunsch dazu geäußert. Nach anfänglichem Zögern stimmte Eliane zu.

Elianes Mutter rief am Anfang der Therapie einige Male in der Praxis an. Sie wollte mir Informationen über ihre Tochter geben oder mir berichten, daß Eliane wieder zuviel esse. Da ich es ihr nie ermöglichte, mit mir über ihre Tochter zu sprechen, also auch mich zu kontrollieren, blieben die Anrufe mit der Zeit aus.

Soviel ich weiß, wollte Elianes Mutter dann die Ausbildung zur Sozialarbeiterin machen. Ein guter Gedanke. So konnte sie ihre innere Verunsicherung, die in ihrer Familie zur kastrierenden Kontrolle wurde, positiv, zum tatsächlichen Wohl von hilfebedürftigen Fällen einsetzen. Eliane selbst wurde nicht Goldschmiedin. Kurz nach ihrer abgeschlossenen Therapie reiste sie mit Mann und Tochter nach X, wo Jürg einen längeren Montageauftrag hatte. Im Fernstudium erarbeitete sich Eliane die Matura, um anschließend Biologie zu studieren.

Ich sah sie noch einmal nach bestandenem Abitur in der Schweiz. Sie feierte im kleinen Kreis zusammen mit ihrer Schwester Christiane. Zwei selbstbewußte und attraktive junge Frauen.

Die Partnerschaftsbeziehung der übergewichtigen Frau

Es ist eine interessante Tatsache, daß in einer Partnerschaft lebende kastrierte Frauen den Konflikt mit der Mutter durch die Schwierigkeiten mit dem Mann überdecken.

Kastrierte Frauen wechseln scheinbar ihre herrschsüchtigen Mütter mit egoistischen und potenzschwachen Männern aus.

Da die kastrierte Tochter einen potenzschwachen Vater hatte (Aschenbrödel), ist es logisch, daß sie kein anderes Männerbild entwickeln konnte.

Wohl meint sie, ihr Mann sei ›ganz anders‹ als der Vater – es stellt sich aber bald heraus, wie groß die Übereinstimmung der beiden Männer ist.

Frühkindliche Eindrücke sind lebensprägend. Ein schwacher Vater wird die Wahl der Tochter unbewußt wiederum auf einen schwachen Mann programmieren. Nur wird dieser sich im Ausleben seiner Potenzschwäche diametral entgegengesetzt zum Vater verhalten: Die Tochter des eigenbrötlerischen, zurückgezogenen Vaters wird sich eher den patriarchalisch-dominant wirkenden Mann aussuchen und umgekehrt. Sie wird ja nicht denselben Fehler wiederholen wollen wie ihre offensichtlich enttäuschte Mutter!

Natürlich spielt die Tochter durch diese (vorprogrammierte) Wahl dem mütterlichen Kastrationsprogramm voll in die Hände. Denn niemand wird die Tochter in ihren Partnerschaftsschwierigkeiten so gut verstehen wie die eigene Mutter. Die Beziehung der Tochter wird somit zum zusätzlichen Bindeglied an die Mutter.

In keinem Fall wird die kastrierende Mutter zur Trennung oder Scheidung raten. Viel eher wird sie ihrer Tochter zu verstehen geben, daß Frausein eben deutliche Schattenseiten aufweist: Zum Beispiel einen Mann haben müssen! Denn ein Mann muß her – koste es, was es wolle. Ohne Mann hat die verunsicherte und unselbständige Frau keinen Wert!

Die althergebrachte Geschichte der hilflosen und somit dem Mann ohnehin unterlegenen Frau ist eine ›Erfindung‹ des Patriarchats, geschaffen zur Stütze des geschwächten Männerbildes.

Wir wissen aus ethnologischen Forschungen, daß in der Urzeit die Frau als Jägerin dem Mann durchaus ebenbürtig galt. Die Jagd als solche war noch derartig primitiv, daß eine Sippe niemals hätte überleben können, wenn sich nicht sowohl Mann als Frau an der Nahrungsbeschaffung beteiligt hätten.

Die Rollenverteilung und allmähliche Schwächung der Stellung der Frau erfolgte durch die Perfektionierung der

Jagdmöglichkeiten. Durch die Verbesserung der Waffen und der Technik wurde es möglich, daß einer allein genügend Wild für die Sippschaft erlegen konnte. Erst dann erfolgte langsam die Arbeitsteilung, welche der Frau das Häuten und Zerlegen der Tiere und das Beerensammeln übertrug, also die häusliche Nahrungszubereitung, während der Mann auf die Jagd ging. Die ersten rein männlichen Jagdgemeinschaften konnten sich bilden.

Dieser Prozeß erstreckte sich über Jahrtausende hinweg. Aber auch die Stellung des Mannes wurde schwächer: Nach der Jagd wandte er sich der manuellen Arbeit zu, dem Ackerbau – er wurde seßhaft. Das wilde Nomadentum war vorbei. Eigentlich wären dadurch Mann und Frau wieder ebenbürtig geworden.

Nun entwickelten sich aber gewisse Arbeitsdomänen (Fischfang, Tauschhandel) zu Monopolen des Mannes. Die Stellung der Frau wurde dadurch erneut geschwächt. Ihr ging das Bewußtsein für ihre frauliche Würde und Stärke allmählich verloren – durch die Umstände begann sie sich dem Mann anzugliedern und anzupassen.

Letzte Zeugen der ebenbürtigen Stärke der Frau gegenüber dem Mann kennen wir nur noch aus der Mythologie (Jagd- und Kriegsgöttinnen).

Manche Frau bevorzugt das patriarchalische Ammenmärchen des schwachen Weibchens. Es ist soviel einfacher, sich unterzuordnen und anzupassen, als Ich-Stärke und Bewußtsein der eigenen Würde zu entwickeln.

Die unzufriedene Frau wählt lieber den Mann als Sündenbock für ihre enttäuschten Erwartungen, als selbst ihr Leben anzupacken und ihre eigene Verantwortung zu übernehmen. Wehe, wenn der jeweilige Mann nicht erfolgreich genug ist...

In ihrem eigenen Interesse übermittelt sie nun diese

freiwillige Kastration ihrer Tochter und verbrämt sie mit dem Geschichtchen der gesellschaftlich bedingten Notwendigkeit des Mannes für die sonst schutzlose Frau.

Dadurch entstehen oft die lächerlichen Facetten weiblichen Gebarens dem Manne gegenüber: die des dummen Frauchens zwecks Stärkung des männlichen Egos bis zur totalen Unterwerfung zur Betonung der Vormachtsstellung des Mannes.

Wir alle kennen Frauengespräche im Stil von: »... und welchen Beruf hat ihr Mann?« Die Frau *ist* ja, was ihr Mann *ist*...

In dem Moment wird der Mann, der sich als Patriarch, als Oberhaupt versteht, zum ›Beutestück‹ der Frau. Er ist ihre Trophäe, ihre Errungenschaft. Durch seinen Beruf, seine Stellung im Leben sichert er ihr ihren Sozialstatus. Sie ist die Frau von... und dadurch konkurrenzfähig.

Man stelle sich jetzt eine durch Übergewicht zusätzlich kastrierte Frau vor. Um wieviel mehr benötigt sie einen Mann! Abgesehen vom sozialen ›Beutestück‹ wird er zur dringendst benötigten Krücke ihrer Ich-Schwäche. Sie würde ohne ihn ihren Selbst-Unwert noch deutlicher spüren. Nicht einmal einen Mann kriegt sie! Wenn sie aber einen hat, wird sie ihn nur dann verlassen können oder wollen, wenn ein sicherer Ersatz bereits dasteht. Außer natürlich, sie hat ihre Kastration bemerkt und arbeitet bereits an ihrem Selbstwert.

Dann stimmt Kierkegaards Ausspruch auch nicht mehr: »Welches Unglück, ein Weib zu sein. Und doch liegt das größte Unglück darin, daß das Weib es nicht faßt!«

Der Mann als Ersatzmutter

Der Mann der kastrierten Frau zeichnet sich durch eine beschränkte, *beschnittene* Gefühlsskala aus.

Die Frau *mußte* sich einen Mann aussuchen, der ihr nicht genügen kann. Seine eigentliche Funktion liegt darin, daß er ihr durch sein ständiges ›Zuwenig‹ wiederum beweist, wie wenig liebens- und begehrenswert sie ist.

Es ist erstaunlich, wie gut das mütterliche Programm funktioniert: Die kastrierte Tochter hat nur eine bestimmte Sicht und Einstellung sich selbst gegenüber entwickeln können. Andere Menschen, die ihr bestätigen könnten, wie wertvoll und anziehend sie ist, kann sie gar nicht *sehen*. Wie jemand der farbenblind ist und gewisse Schattierungen nicht wahrnehmen kann.

Durch ihre beschnittene Kritikfähigkeit war sie schon nicht in der Lage, die Lebenssituation der Mutter erkennen zu können – jetzt fehlt ihr auch die Wahrnehmung für das tatsächliche Ungenügen ihres Mannes.

Sie ist *schuld,* daß es ihr an Zuwendung, Aufmerksamkeit und Zärtlichkeit mangelt. Genauso wie sie *schuld* ist am Scheitern ihrer Diäten, an ihrem ständig wachsenden Übergewicht. Der Mann beginnt immer mehr, die Rolle der *Ersatzmutter* zu übernehmen. Die kastrierte Frau erlebt jetzt Kritik, Zurückweisung, Kontrolle, Lieblosigkeit, mangelnde Rücksichtnahme, Verlassenheitsängste durch ihn, über ihn. Sie befindet sich in ihrem gewohnten Gefühlsmuster! Ihre Bemühungen um seine Aufmerksamkeit, seine Liebe, sein Lob usw. beginnen ans Groteske zu grenzen. Und wie schon bei ihrer Mutter scheitert sie auch an ihm. Nie erhält sie das zurück, was sie investiert. Und noch immer sucht sie nach ihrer Schuld...

Das Gefühl der eigenen Wertlosigkeit und Unzulänglichkeit wächst. Die Funktion ihres Mannes als ›Krücke‹ nimmt ständig zu. Und ihm wird es bald zuviel!

Seine Frau ängstigt ihn. Sie will zu viel von ihm; er fühlt sich überfordert und zieht sich gefühlsmäßig immer mehr zurück – zum Schutz seiner ohnehin kargen Emotionalität.

Seine Frau spürt diesen Rückzug, erlebt seine zunehmende Verweigerung und wird dadurch zusätzlich verunsichert und verletzt.

Je mehr er sich aber zurückzieht, umso mehr hängt sie sich an ihn. Der kleine Rest ihres Ich-Gefühles hängt jetzt von seinem Wohlwollen ab. Sie überträgt ihm immer größere Kontrollfunktionen, mit zwei unbewußten Absichten:

> Es stärkt sein von ihren Ansprüchen in die Enge getriebenes Ego.
> Es zeigt ihr seine Zuwendung (... wer mich kontrolliert, liebt mich...)

Das Ganze mutet wie ein riesiger Ballon an, der immer stärker aufgeblasen werden muß. Dabei ist eines sicher: Irgendwann einmal muß er platzen!

Dann gibt es Tränen und Herzeleid – aber auch die Chance für einen Neubeginn mit anderen Voraussetzungen. Ein neuer Anfang durch die Arbeit an sich selbst. Mann und Frau entdecken dann neue Aspekte ihrer gegenseitigen Beziehung und haben die Möglichkeit, gemeinsam aufzubauen.

Die allmählich nicht-mehr-so-kastrierte Frau kann die Einengungsängste ihres Mannes erkennen und sieht sich nicht länger als die *schuldige* Urheberin seiner Verweigerung ihr gegenüber.

Dadurch gewinnt der Mann genügend *Raum,* um Eigenverantwortlichkeit und Ich-Gefühl entwickeln zu können. Mann und Frau fixieren sich nicht mehr in ihrer jeweiligen Problematik. Jeder kann ohne Ängste seinen Weg erforschen und vorangehen.

Die Sexualität der kastrierten Frau

Jemand, der Mühe hat mit seiner Körperlichkeit, sich selbst nicht akzeptiert und sich nicht gefällt, wird kaum eine erfüllte Sinnlichkeit erleben können. Es dürfte schwierig sein, sich eine kastrierte Frau vorzustellen, deren Mann ihr beteuert und beweist, wie attraktiv und begehrenswert er sie findet. So formuliert, erscheint das mangelhafte Sexualleben der übergewichtigen Frau logisch und einleuchtend.

Kaum je wird eine kastrierte Frau diese Aussage über sich selbst machen oder zulassen können. Bestenfalls gibt sie zu, es sei wohl ein ›bißchen wenig‹ oder ›nicht ganz so, wie sie möchte‹. Allenfalls wird sie noch hinzufügen, sie glaube nicht, daß sie deswegen zuviel esse. Das sei eine banale und irreführende Aussage.

Nun – die Aussage stimmt als Beweggrund für Übergewicht tatsächlich nicht. Wohl aber kommt sie zum Tragen, wenn es um schnelle ›Befriedigung‹ körperlicher Unruhen geht.

Der Trugschluß liegt in der Überlegung: Sie ißt nicht zuviel wegen mangelndem Geschlechtsverkehr; nein, um möglichst *keinen* Geschlechtsverkehr haben zu können, soll sie zuviel essen! Sie muß dick sein und bleiben! Ihre Unförmigkeit soll sie ja dazu verdammen, ein kastriertes Leben zu führen, jenseits aller sexuellen Erfüllung und Freuden. Es soll ihr nicht besser gehen als der Mutter!

Von klein auf durfte Essen als Körperfunktion ein Thema sein – Sexualität dagegen nicht. Die Mutter sprach vermutlich oft über gesunde Ernährung und Diäten, wurde aber einsilbig oder schwieg bei Gesprächen oder Fragen über Sexualität. Sie gab der Tochter dadurch deutlich zu verstehen, daß die erlaubten Körperfreuden im Essen zu finden sind. Da die unzufriedene Mutter selbst Asexualität ausstrahlt und keine sichtbaren Zärtlichkeiten zwischen den Eltern stattfinden, vermittelt sie der Tochter die eindeutige Botschaft: »Körperliche Unruhen und Spannungen *dürfen* mit Essen besänftigt werden. Über das *andere* spricht man nicht.«

Kastrierte Frauen erzählten mir, wie ihre Mütter nach gemeinsamen Klagen über mangelnde Aufmerksamkeit und Zuwendung der Ehemänner mit dem Satz schlossen: »Und jetzt koche ich uns etwas Schönes...«

Durch den Mangel an Eigen-Bezug ist die kastrierte Frau nicht in der Lage, einen umfassenden Du-Bezug herzustellen. Ihre Grundeinstellung anderen Menschen gegenüber ist ja von Mißtrauen geprägt. Ihre Haltung ist vom Bewußtsein getragen, wie leicht und häufig sie manipuliert wurde, wie hilflos sie mitmenschlichen Konfrontationen gegenübersteht.

Ihre grundsätzliche Erfahrung ist das Übergangenwerden durch andere, die Mißachtung ihrer ureigensten Ansprüche. Ihre Reaktionen darauf beschränken sich auf tränenreiches Schweigen, hilflose Erklärungsversuche oder vehement aggressives Um-Sich-Schlagen (mit schlechtem Gewissen im nachhinein). Kurz: Ihr fehlt jegliches emotionales Stand- und Durchsetzungsvermögen, also jene Eigenschaften, die einen guten Eigenbezug charakterisieren.

Dadurch ist ihr die vorbehaltlose Hingabe an einen anderen Menschen gar nicht möglich! Durch das Spüren um ihre schnelle Verletzbarkeit braucht die kastrierte Frau einen künstlichen *Seelenpanzer*, der es anderen verunmöglichen soll, ihr schmerzhaft nahe zu treten. Ihre körperliche Verstümmelung durch ihren Fettpanzer findet dadurch ein seelisches Spiegelbild.

Sie hält sich die Umwelt buchstäblich auf möglichst sichere Distanz, realisiert dabei nicht, daß sie sich gerade dadurch positive Erfahrungen verunmöglicht. So gerät sie, wie programmiert, in dieselbe emotionale Isolation wie ihre Mutter.

Natürlich ist sie dadurch nicht in der Lage, sich einem Partner in der Sexualität vorbehaltlos hinzugeben. Aber auch hier interpretiert sie ihre Kastration als eigene Unzulänglichkeit. Spielend findet sie Erklärungen für ihre sexuellen Enttäuschungen.

Verschiedene Erklärungsmuster:

»...ich fühle mich schnell wundgerieben...«

»...mein Mann meint, bei mir daure es immer so lange. Dann tue ich halt als ob...«

»...er saugt an meinen Brustwarzen, bis es schmerzt. Wenn ich dann versuche, mich freizumachen, meint er, ich werde wild und dringt sofort ein...«

»...er bewegt sich anders als ich. Es geht nicht für mich in seinem Rhythmus. Er sagte mir, ich sei kalt...«

»...wenn ich schlank wäre, würde er mich begehren...«

»...er sagte, ich würde ihn abstoßen...«

»...ich glaube, durch das viele Fett bin ich gefühllos geworden...«

»...ich sollte mehr Reizwäsche tragen. Nur gibt es die nicht in meiner Größe...«

»...ich habe gar keinen Spaß daran. Immer sehe ich, wie meine Fettwülste schaukeln, ich ekle mich vor mir...«

Alles Aussagen, die Verletzungen und Zurückweisungen rechtfertigen sollten. Sexuelle Freuden sind nichts für kastrierte Frauen!

Kastrierte Frauen kennen ihren Körper ja gar nicht. Sie haben von ihren Müttern nie gelernt, auf seine Signale einzugehen. Um sich überhaupt bemerkbar machen zu können, bleibt dem Körper nur die Maßlosigkeit.

Gieranfälle haben längst körperlichen und seelischen Hunger ersetzt. Die Unterscheidung zwischen den beiden Empfindungen ist gar nicht mehr möglich. Der Körper ist zu einem fremden, unkontrollierbaren und terrorausübenden Wesen geworden. Wohl möchte frau einen schönen Körper, würde aber gerne den langen und mühsamen Weg umgehen, den es braucht, um Eigenbezug entwickeln und spüren zu können. Hier hat sich das wesentlichste Merkmal der Eßsucht herausgebildet: Ungeduld und die Unfähigkeit, ein entferntes Ziel anzustreben. Alles sollte sofort eintreffen, erhaltbar sein. Dahinter steckt die Angst, mit leeren Händen dazustehen, zu ›versagen‹. Erst durch das Erkennen als Sucht kann die betroffene Frau allmählich verstehen, daß gerade diese Ungeduld mit sich selbst das größte Hindernis ist.

Der psychische Aspekt, also das Verstehen um die eigene Kastration, ist ja nur die eine Seite. Jetzt braucht es viel Geduld und Verständnis zum Abbau der inneren Abwehr dem eigenen, ungeliebten Körper gegenüber.

Deswegen bezeichnen sich die meisten kastrierten Frauen als anorgastisch oder an Sexualität nicht sonderlich interessiert. Bei näheren Gesprächen erweist sich, daß ihre Schwierigkeiten auf sexuelle Fehlinformationen oder auf fehlende Aufklärung überhaupt zurückgehen.

Erstaunlich ist dabei immer wieder die mangelnde Kenntnis der eigenen Anatomie und die falsche Annahme: Orgasmus sollte, wenn überhaupt, vaginal erlebt werden – sonst ist frau keine richtige Frau. Das mangelnde Lustempfinden bei der männlichen Penetration, ohne vorherige oder gleichzeitige Reizung der Klitoris, wird als eigene Minderwertigkeit empfunden.

Der Unsinn, den Sigmund Freud mit seinem vaginalen Orgasmus in die Welt gesetzt hat, zieht noch immer verheerende Kreise.

Dabei sollte sich eigentlich jede Frau, die geboren hat, daran erinnern, daß sie kaum ›vaginale Schmerzen‹ verspürte – die Nervenzellen sind dort zum Glück dünn gesät! Auch ohne geboren zu haben, wird eine Frau beim vorsichtigen Abtasten der Vagina und Einführen eines Fingers die dortige Unempfindlichkeit bemerken können.

Die Klitoris hingegen ist ein Wunderwerk an Empfindungsmöglichkeiten. Frage: Wo wird also der Orgasmus ausgelöst?

Mit anderen Worten: jegliche Stellung beim Geschlechtsverkehr, bei der die Klitoris nicht berührt und gereizt wird, kann unmöglich den weiblichen Orgasmus auslösen!

Erfüllte Sexualität kann sich nur über körperlichen Eigenbezug entwickeln. Erst wenn die Frau selbst erforscht hat, welche Zärtlichkeiten sie erregen, und wo ihr Körper am reizbarsten ist, wird sie in der Lage sein, mit ihrem Partner darüber sprechen zu können.

Mangelnde Befriedigung wird dadurch nicht mehr zur ›Schuldfrage‹, sondern schlicht zur fehlenden Kommunikation. Und dem kann abgeholfen werden.

Ich möchte hier eine einfache Selbsterforschungs-Übung erklären, die jede Frau zuhause durchführen kann:

> Während des Duschens wird eine bequeme Stellung gesucht. Am besten liegend in einer mit warmem Wasser knapp gefüllten Badewanne.
> Mit dem Duschstrahl immer wieder leicht über die Klitoris streichen.
> Behutsam die Stärke des Duschstrahls regeln und die Richtung und Stelle suchen, wo die Empfindung am stärksten ist.

In relativ kurzer Zeit lernt eine Frau ihre intimen Reizstellen kennen und erlebt dadurch, daß sie durchaus in der Lage ist, sexuell ›stimmig‹ zu reagieren. Sie wird auch die Erfahrung machen, daß ihr Körper immer schneller auf ihre Reizungen reagiert.

Sobald genügend Selbstvertrauen vorhanden ist und das Schamgefühl sich größtenteils abgebaut hat, sollte diese Übung mit der Hand durchgeführt werden.

Ein wichtiger Schritt zum Aufbau des Eigenbezuges und Körpergefühls ist getan!

Homosexualität

Viele kastrierte Frauen finden Zuflucht in der Sexualität mit einer andern Frau, die möglicherweise ähnliche Charakterzüge wie die Mutter aufweist, aber ohne deren kastrierende Botschaften.

Die lesbische Beziehung der kastrierten Frau erscheint wie ein Versuch, die *böse* Mutter durch ein liebevolleres Mutter-Imago abzulösen.

In der Regel wird eine Gefährtin ausgesucht, die eine andere Form der Kastration aufweist (Leistungsängste, somatische Beschwerden wie Asthma, Migräne usw.).

Mit dem gemeinsamen Wissen um die gemeinsame innere Verletztheit werden die beiden Frauen schonend miteinander umgehen. Jede wird versuchen, der anderen jenen Teil fraulicher Zuwendung zu geben, den die jeweilige Mutter nie vermittelt hatte. Auf diese Art können sich Paarbeziehungen aufbauen, in denen beide Frauen für eine Weile Glück und Bestätigung finden.

Die Verarbeitung der Kastration wird schlichtweg dadurch umgangen, daß die Freundinnen einander in ihrer aufgestauten Bitterkeit und Wut gegenüber der Mutter trösten.

Erfahrungsgemäß scheitern diese Beziehungen, sofern nicht ein Teil der seelischen Zusammenhänge erarbeitet wird, an massiven Eifersuchts- und Machtkonflikten. Denn früher oder später wird die Beziehung der beiden Frauen stellvertretend für die negativen, nicht erkannten und somit ungelösten Aspekte der Mutter-Tochter-Beziehung. Ein unhaltbarer Zustand!

Beide Frauen erhalten dadurch den Hinweis, ihre Beziehung zu ihrer Mutter im nachhinein zu überprüfen. Vielleicht wird dadurch der Weg zur Heterosexualität frei.

Die alleinstehende kastrierte Frau

Wir wissen jetzt: Unzufriedene Mütter verdammen ihre Töchter unbewußt zur Wiederholung des eigenen unbefriedigenden und enttäuschten Lebens.

Wenn nun die kastrierende Mutter alleinstehend ist oder wird (Scheidung, Trennung, Verwitwung), ist sie, ohne beginnende Selbsterkenntnis, noch mehr darauf angewiesen, ihre Tochter nicht loszulassen – sie sollte möglichst *auch* allein bleiben! (oder verlassen werden).

Damit zeigt die übergewichtige, alleinstehende und -bleibende Frau am deutlichsten das mütterliche Kastrationsprogramm. Häufig wohnt sie auch mit der Mutter zusammen, es besteht nicht einmal eine geographische Trennung.

Eine eigene Partnerschaftsbeziehung geht sie gar nicht ein. Sie findet dafür viele Erklärungen:

> Ich war am Aufbau meiner beruflichen Position und hatte keine Zeit für Rendezvous...
>
> Ich habe nie den Richtigen gefunden...
>
> Er war leider bereits verheiratet...
>
> Ich verbrachte viele Jahre im Ausland. Aber einen Ausländer heiraten... nein, lieber nicht wegen der anderen Mentalität...
>
> Ich habe für meine alleinstehende Mutter gesorgt, bis sie starb. Es gab gar keinen Platz für eine dritte Person...

Nie hat sie die Mutter in Frage gestellt, oder nie so lange, daß es sich störend auf das Verhältnis auswirkte. Der Mutter blieb die Tochter lebenslänglich erhalten! Sie wird im Alter auch hingebungsvoll von der Tochter gepflegt und umsorgt. Nach wie vor ist sie maßgebend für sämtliche Lebensfragen. Es sind deren nicht viele – die Tochter hat ja einen extrem kleinen Lebensraum.

Nie hat die Tochter eine eigene Identität entwickelt, sich also nie aus der Symbiose mit der Mutter gelöst, sie blieb passiv.

Betrachten wir den biologischen Begriff der Symbiose: »Ein direktes Zusammenleben zweier Organismusarten zum beiderseitigen Nutzen« (Dorsch, 1976). In unserem Fall ist es ein zweifelhafter Nutzen, der nie hinterfragt wurde!

Für die Mutter: Die Tochter bleibt ihr erhalten, ohne sie je durch Eigenständigkeit, Ablösung, eigene Partnerschaft und gelebte Sexualität in Frage gestellt zu haben.

Für die Tochter: Sie verharrt in der Stellung als *puella aeterna* (ewiges Mädchen). Ihre persönlichste Interaktion ging nie über jene mit ihrer ersten Bezugsperson hinaus. Nie mußte ein Reifungsprozeß durchgestanden, nie mußten die Zweifel und Schmerzen eines Ablösungsprozesses durchlebt werden. Die Tochter ›durfte‹ passiv, abhängig bleiben und mußte sich nie dem Ab und Auf der Persönlichkeitsbildung aussetzen. Der für jeden Menschen so wichtige Individuationsprozeß wurde ihr ›erspart‹.

Ihre Mutter ist ihr Schild, ihr Hafen, ihr Schutz vor der Umwelt. Allein die Gegenwart der Mutter rechtfertigt den Verzicht auf Beziehungen, auf eigene Familie und Kinder.

Die Unfähigkeit zur Du-Beziehung ist gut versteckt – und sie hat ja die Mutter.

»Fürwahr, eine gehorsame Tochter...« Sie wird auch für ihre ›Anhänglichkeit‹ belohnt – mit der totalen, ausschließlichen und egoistischen Zuwendung der Mutter!

Erst durch deren Ableben wird die Tochter mit ihrer mangelnden Identität konfrontiert. Der Tod der Mutter bedeutet somit weit mehr als der Verlust der nächsten Bezugsperson – die eine Hälfte aus der jahrzehntelangen Symbiose verschwindet, ohne daß die andere je gelernt hat, allein zu leben. Plötzlich sieht sich die Tochter entwurzelt und vereinsamt. Der Schmerz ist immens!

Zusätzlich belasten schwere Schuldgefühle die Tochter: Wie häufig hat sie die Mutter abgelehnt, war nicht dankbar genug, hat sie allein gelassen, zu wenig mit ihr gesprochen...

Dazu kommt das Wissen um manchmal unterschwellig verspürte Wut der lebenden Mutter gegenüber, die sich jetzt gegen sie selbst wendet. Welche Katastrophe, wenn noch ein diffuses Erleichterungsgefühl über das Ableben der Mutter hinzukommt.

Durch das Verbleiben in der symbiotischen Urbeziehung konnte keine eigenständige Gefühlswelt entwickelt werden, das Selbstvertrauen fehlt. Gefühle wurden somit mittels Denkprozessen zergliedert und bewertet, da ihnen nicht getraut werden kann. Denken ist zuverlässiger als Fühlen, Sexualität fehlt ohnehin.

Gerade dadurch eignet sich die *puella aeterna* vorzüglich zur Karrierefrau. Sie zeichnet sich durch eisernen Fleiß und Disziplin aus, steht durchaus ›ihren Mann‹. Die Bestätigung ihrer Leistung durch die Umwelt ist dementsprechend groß. Ein weiterer Grund, eigene Lebensumstände nicht in Frage zu stellen.

Ihre meist erfolgversprechende Berufswahl erntet Lob seitens der Mutter. Gerne sieht sie sich als die positive

Treibkraft, direkt verantwortlich für anerkannte Leistungen ihrer Tochter.

Gleichzeitig beansprucht aber die Mutter möglichst unbegrenzt Zeit und Zuwendung der Tochter. Ihre Kritikbereitschaft ist groß, die Tochter macht ihr selten etwas recht.

Die Tyrannei der Mutter kann dabei groteske Formen annehmen. Die ›sanfte‹ Herrschaft durch Krankheit, Depressionen, moralischen Druck (»Ich bin eine alte, nutzlose Frau, ich falle dir bloß zur Last...«) ist nicht zu unterschätzen.

Während offene Herrschsucht Rebellion wecken kann, verursacht die versteckte Beherrschung Schuldgefühle und steigende Verunsicherung. Hinter der märtyrerhaften, aufopfernden Mutter steht ein wahrer Machtteufel, der die vitalen Lebenstriebe der Tochter verdorren läßt. In den meisten Fällen bleibt die Tochter an die Mutter gebunden, bis zu deren Tod. Sonst bleibt nur die Hoffnung, daß ihr in diesen vielen *ent-weibten* Jahren durch irgend einen Fremdeinfluß die tatsächliche Bedeutung ihres hartnäckigen Übergewichtes aufgeht.

Die Konsequenz wäre eine Überprüfung ihrer Lebensumstände, was natürlich die späte, aber fruchtbare Auseinandersetzung mit der Mutter nach sich zieht. Wenn die Mutter dann noch lebt und sich kooperativ zeigt, kann ein gegenseitiger Ablösungsprozeß beginnen – die beiden Frauen werden eine neue, reife Beziehungsform zueinander finden müssen. Wenn sich die Mutter hingegen sperrt, wird sie einmal mehr das befürchtete Verlassenwerden erleben, ohne ihr eigenes Verschulden einsehen zu können.

Der Weg zur Heilung

Der Gang zum Psychotherapeuten bedeutet einen großen Schritt für die kastrierte Frau. Er zeigt an, daß sie zu erkennen beginnt, wie ihrem immer wiederkehrenden und wachsenden Übergewicht *nicht* mit Willen und Disziplin zu begegnen ist.

Ihre Verunsicherung und Selbstablehnung ist bereits so groß, daß ›selbst‹ eine Psychotherapie in Erwägung gezogen wird. Ohne aber eine Ahnung zu haben, was das überhaupt ist und beinhaltet. Sie *muß* abnehmen, um jeden Preis! Sie spürt deutlich, wie ihre Selbstachtung verlöscht, und sie sich immer mehr in die Enge getrieben fühlt. Gott und die Welt übt bereits Eßkontrolle über sie aus, sie hat Unsummen für Diäten, Abnehmkurse und -Intensivwochen ausgegeben, sie ist ein Vollprofi geworden in Hinsicht auf neueste Ernährungstips und -lehren. Zuhause türmen sich sämtliche Lebenshilfebücher für sämtliche denkbaren Lebenssituationen ... Sie weiß nicht mehr wohin mit sich, mit ihrem scheinbaren ›Versagen‹.

Also warum nicht einmal zum Psychotherapeuten gehen? Selbst der Hausarzt hat es ihr geraten, nachdem er ihr schon die fünfte oder sechste, natürlich nutzlose Diät verschrieben hatte und selbst nicht mehr weiter weiß.

Voller Mißtrauen und dennoch erwartungsvoll sitzt mir dann eine seelisch erschöpfte Frau gegenüber und möchte sofort wissen, wieviel sie in wieviel Zeit abnehmen wird und wieviel es kostet.

Ihre erste Stunde beginnt prompt mit einer Riesenenttäuschung. Ich muß sie nämlich darauf hinweisen, daß ich nicht stellvertretend bin für eine neue Wunderdiät. Und daß es eine solche leider auch nicht gibt!

Dann beginnt ein tastendes, stockendes Gespräch über Lebensumstände, Druck in der Familie, Aufzählen einer immer wieder verblüffenden Vielzahl gescheiterter Abnehmversuche... Und schließlich der verzweifelte Wunsch nach Hilfe, möglichst schnell.

Die seelische Situation wird am Anfang von ihr nie erfaßt. Sie ist der festen Überzeugung, ohne Übergewicht wäre alles schön und stimmig! Da noch jegliches Begreifen der Zusammenhänge fehlt, kann andauerndes Übergewicht nicht als Symptom für einen schweren, inneren Konflikt wahrgenommen werden. Das Symptom ist noch die Krankheit!

Noch in der ersten ›Beschnupper‹-Stunde dämmert es aber jeder Frau, daß wesentlich mehr unter ihrem Übergewicht *verspeckt* liegt, als sie überhaupt wahrhaben möchte. Sie beginnt zu ahnen, daß ihr Körperpanzer ein Ausdruck ihrer mangelnden Eigenständigkeit und der daraus resultierenden verzweifelten Anpassungsversuche darstellt.

Keiner sagte ihr, daß sie eine tatsächliche *Krankheit* hat und haben *darf;* daß sie sich selbst nicht mehr helfen kann mit neuen Ernährungstips, psychologischen Ratgebern und Radikaldiäten.

Sie ist genauso *krank* wie eine Frau, die an *Bulimie* (durch Erbrechen versuchte Eßkontrolle) oder *Anorexie* (krankhafte Magersucht) leidet. Unglücklicherweise ist sie sozial ›unauffällig‹, d. h., sie stört und beunruhigt niemanden. Ihr Dicksein ist gemütlich, eine ganze Konsumgesellschaft profitiert von ihr, sie wird ausgebeutet und weiß nicht um ihre Opferrolle.

Ihre seelische Not und Verzweiflung wird kaum angesprochen – alles, was sie als Hilfe erhält, sind die verschiedensten guten Ratschläge und nicht auf sie persönlich zugeschnittene Hilfeleistungen. Wie soll sie sich denn selbst in ihrer Krankheit ernstnehmen können?

Bulimische und anorektische Frauen werden umsorgt und erhalten ein ganzes Aufgebot an medizinischer und psychologischer Hilfe. Kein Mensch käme auf die Idee, einer Bulimikerin zu empfehlen, ein Beruhigungsmittel gegen Erbrechen zu nehmen oder einer Anorektikerin, sie solle mit Hilfe eines ›tollen, vielfältigen Eßplanes‹ *mehr* essen! Hier wird der Unsinn eines solchen Vorgehens offensichtlich. Nur die Dicke braucht anscheinend weniger Hilfe! Sie kriegt eben das Hungerstop-Wundermittel und den ›tollen, vielfältigen Eßplan‹ zum *weniger* essen. Die ganze Umwelt bestätigt ihr, daß sie abnehmen kann, wann immer sie will. Es ist zum Verzweifeln! Und sie verzweifelt auch.

Es ist immer wieder überraschend für mich, zu erleben, wie groß die Erleichterung einer übergewichtigen Frau ist, wenn sie begreifen *darf,* daß sie tatsächlich krank und hilfebedürftig ist. Jahrelang hat sie sich mit Minderwertigkeitsgefühlen und Versagensängsten herumgeplagt – jetzt darf sie erfahren, daß ihr ständig wiederkehrendes Gefühl: »Ich schaffe es nicht..., ich halte es nicht durch...« völlig stimmte.

Instinktiv hat sie schon immer gespürt, daß Diäten *nicht stimmen* konnten für sie. Ihr vermeintliches *Versagen* war nur der Beweis für *die Richtigkeit ihres Gefühles.* Nur verließ sie sich nie darauf.

Merke: Diätversagen zeigt weder Willens- noch Disziplinschwäche an, sondern beweist die falsche Behandlung einer tatsächlichen Krankheit.

Wenn eine Frau soweit ist, begreifen zu können, was ihr vermeintliches jahrelanges Ver*sagen* bedeutet, braucht sie meistens eine Denkpause, eventuell von mehreren Wochen. Sie hat Angst! Sie spürt, wie sie Lebensumstände von sich in Frage stellen muß, wie Situationen mit veränderter Optik betrachtet und wie festgefügte Beziehungsmuster überprüft werden müssen.

Kurz: Sie beginnt zu begreifen, daß ihr Weg zur erträumten Schlankheit weder kurz noch einfach sein wird.

Der Gedanke, eine Radikaldiät zu machen, scheint kurzfristig verlockender. Nur weiß sie inzwischen, wie schnell der Erfolg vorüber geht und sie in absehbarer Zeit wieder zunehmen wird (...und muß!).

Die Anfangshürde in der Therapie ist die höchste. Natürlich werden sämtliche Abwehrkräfte mobilisiert gegen das Bewußtwerden des *mütterlichen Kastrationsprogramms*. Es muß ja erkannt werden, wie gerade durch das ständige Übergewicht der Mutter Gelegenheit geboten wird, Kontrolle und Manipulation auszuüben.

Schlanksein in diesem Sinn bedeutet also Abnabelung von der Mutter, das heißt Eigenständigkeit und Selbstverantwortung. Es besteht dann kein Anlaß mehr, sich kontrolliert oder beherrscht zu fühlen – die innere Auflehnung, die krampfhafte Distanzschaffung darf aufhören.

Wiederholt muß darauf hingewiesen werden, daß Mütter *nicht* mit *bewußter Absicht* kastrieren. Die Ausschaltung der Tochter als Konkurrentin geschieht aus unbewußten Selbstschutzgründen. Niemand mag es, wenn ihm bewiesen wird, daß er sein ganzes Leben anders hätte anpacken und dabei glücklicher sein können.

Natürlich ändert das Verstehen dieser *mütterlichen Strategie* nichts an der Tatsache der Kastration. Die Wut und Bitterkeit darüber muß erkannt und aufgearbeitet, die Beziehung zur Mutter überprüft und neu gestaltet werden.

Das Erkennen, wie sehr frau als Schachfigur benützt und geschoben werden kann, ist dann der erste Baustein zum eigenen, soliden, weil selbstgebauten Ich-Fundament.

Ich gliedere die Therapie der kastrierten Frau in vier Phasen:

1. Allmählich wird der feste Glauben an mögliche Diäten, die Schlankbleiben auf Lebenszeit ermöglichen sollten, losgelassen.

   Es wird erkannt, daß Übergewicht das Symptom und Alarmsignal für einen massiven, noch unerkannten Konflikt ist.

   Die kastrierte Frau darf erkennen, daß gerade ihr ständiges Nicht-Durchhalten bei Eßkontrollen ein zuverlässiger Anzeiger für die Falschheit dieser Symptombekämpfung war.

   Sie ist übergewichtig, *nicht* weil sie ein willenloser Vielfraß ist, sondern weil ihr Körper ihr schon lange etwas mitteilen wollte!

2. Die Neugier auf die Hintergründe des Übergewicht-Symptoms und die verblassenden Angstgefühle vor schmerzhaften Erkenntnissen wird allmählich geweckt.

   Nun ist die übergewichtige Frau bereits in der Lage, Zusammenhänge herstellen zu können, ohne gleich in Abwehrstellung gehen zu müssen. Selbstvertrauen beginnt sich einzustellen, Optimismus wird deutlich spürbar.

3. Die ersten körperlichen Reaktionen stellen sich ein. Die Hungergefühle vermindern sich drastisch, die Gieranfälle bleiben aus. Der Körper muß nicht mehr signalisieren, daß ein seelisches Anliegen zu kurz kommt – es wird ja angegangen und ›gepflegt‹.

   Die übergewichtige Frau beginnt ihrem Körper vermehrte Aufmerksamkeit zu schenken. Sie wird sicherer und entwickelt ›sportlichen Ehrgeiz‹ in ihrer Selbsterkundung. Häufig kann jetzt der eventuelle Partner zugezogen werden. Sexuelle Anliegen klären sich. Neue Kommunikationswege werden gefunden.

4. Aus Angst vor dem bevorstehenden Abschluß der Therapie fällt die ehemals kastrierte Frau kurzfristig in alte Eßgewohnheiten zurück. Sie fürchtet sich vor einem vermeintlichen Allein-Gelassen-Werden und glaubt, ihren neuen inneren Halt durch den Therapieabschluß zu verlieren.

Sie bemerkt dadurch, wie bereitwillig sie früher ins Zuviel-Essen flüchtete, um Ängste und Konflikte zu überdecken. Dadurch, daß Essen ein Thema war, gerieten ihre buchstäblich *überspeckten* Anliegen in Vergessenheit. Nun darf sie spüren, wie ihre selbstentwickelte Sicherheit ihr den nötigen Halt verschafft. Die Therapie ist beendet!

Während der ersten Therapiephase erhält die übergewichtige Frau Tagesblätter mit genauer Stundeneinteilung (siehe Abbildung S. 114). Sie soll möglichst jede Kleinigkeit, die sie zur jeweiligen Tageszeit ißt, eintragen. Eine gute Übung, um ihr deutlich spürbar zu machen, wie zuwider ihr eigentlich jegliche Form von Eßkontrolle ist. Gleichzeitig wird ihr dabei bewußt, daß

Gewicht beim Aufwachen

Uhrzeit: ____ . ____ Uhr

____ , ____ kg

Datum: ____ . ____ . ____ Mo Di Mi Do Fr Sa So **Tagestabelle**

	Getränke							Feste Nahrung												
	Bier	Süssgetränke	Milch und Milchgetränke	×	×	×	×	Brot	Teigwaren	Salzgebäck, Nüsse	Gebäck (süss)	Schokolade	Süssigkeiten	×	×	×	×	×	×	×
Details																				
04^{00}–06^{00}																				
06^{00}–07^{00}																				
07^{00}–08^{00}																				
08^{00}–09^{00}																				
09^{00}–10^{00}																				
10^{00}–11^{00}																				
11^{00}–12^{00}																				
12^{00}–13^{00}																				
13^{00}–14^{00}																				
14^{00}–15^{00}																				
15^{00}–16^{00}																				
16^{00}–17^{00}																				
17^{00}–18^{00}																				
18^{00}–19^{00}																				
19^{00}–20^{00}																				
20^{00}–21^{00}																				
21^{00}–22^{00}																				
22^{00}–23^{00}																				
23^{00}–24^{00}																				
00^{00}–02^{00}																				
02^{00}–04^{00}																				

Gewicht beim Einschlafen

Uhrzeit: ____ . ____ Uhr

____ , ____ kg

Nahrung für sie gar nicht diesen hohen Stellenwert hat, wie sie bisher vermutete. Dadurch wird das Gespräch über den funktionalen Charakter von Zuviel-Essen eingeleitet. Sie realisiert, wie sehr sie sich dabei schadete und nicht, wie sie meinte, tröstete. Die Begriffe *Eßzwang* und *Kastration* tauchen auf.

Während der letzten drei Therapiephasen werden immer wieder gezielte Übungen eingeschaltet, um das Körpergefühl zu wecken und zu entwickeln und das Ich-Bewußtsein zu stärken. Es sind bestimmte Spannungs- und Entspannungsübungen, die den inneren Zwiespalt deutlich spürbar machen. Die kastrierte Frau lernt dadurch, ihre inneren Spannungszustände zu erfassen und positiv abzubauen oder einsetzen zu können.

Nach Abschluß der Therapie empfiehlt es sich, ein bis zwei Mal pro Jahr eine Kontrollsitzung einzuschalten (auch ohne Therapie!); genau so wie man den Zahnarzt oder den Gynäkologen aufsucht.

Die Psyche ist ein empfindliches Instrument; allzu leicht werden ihre Signale übergangen und nicht ernstgenommen. Eine regelmäßige *Seelenhygiene* verhindert das Verdrängen von Konflikten und Entstehen von Sackgassen in Lebenssituationen.

Psycho-Acting

Ich habe *Psycho-Acting,* eine bestimmte Form der Konfliktdarstellung und -lösung speziell für die eßsüchtige Frau entwickelt.

Durch die beruhigende Wirkung des genau abgesteckten Rahmens entsteht für die übergewichtige Frau ein Gefühl der Sicherheit. Die eßsüchtige Frau kann mit Vorbedacht ihre ›Titel‹ (Psycho-Acting-Sequenzen) wählen und die ›Spielregeln‹ bestimmen.

Da eines ihrer Hauptanliegen ihren gestörten Bezug auf eigene *Räumlichkeit* beinhaltet, braucht sie vor jedem Sich-zur-Schau-Stellen die Zusicherung, in ihrer von ihr gewählten Hauptrolle nicht angegriffen zu werden – außer sie wünscht es ausdrücklich, um Sequenzen wie z. B. *Auseinandersetzung, Streit* darzustellen.

Das Äußere jeder übergewichtigen Frau suggeriert ja schnell den Eindruck von Macht, Sicherheit und Kraft. Sie *beansprucht,* allein durch ihre körperliche Erscheinung, *Raum.* Innerlich fühlt sie sich aber an die Wand gedrückt. Ihr in der Kindheit verwurzeltes Problem ist das Übergangenwerden von ihren Gefühlen und Anliegen. Sie hatte immer zu wenig *Platz!*

Durch ihr ›wuchtiges‹ Auftreten löst sie aber genau den entgegengesetzten Eindruck aus – wiederum wird sie *falsch* verstanden und übergangen. Ihre körperliche Verstümmelung signalisiert nicht nur Kastration, sondern auch den Schrei nach mehr *Raum.*

Ein Gruppenbesuch gleich am Anfang der Einzeltherapie ist meiner Praxiserfahrung nach von geringem Nutzen. Wegen ihres noch großen Mißtrauens sich und der

Umwelt gegenüber verhält sich die kastrierte Frau abwehrend oder angepaßt – der Gruppenbesuch verfehlt größtenteils seinen Zweck.

Erklärung: Die übergewichtige Frau hat durch ihren mangelnden Ich-Bezug zu wenig Standfestigkeit. Sie ist leicht beeinflußbar durch ihre nächste Umgebung. Plötzlich wird ein Anliegen einer andern Frau aus persönlichen Gründen (Sympathie, Antipathie) zu ihrem eigenen – oder wird vehement abgelehnt.

Sie spürt sich selber noch zu wenig, um sich der Gruppe gegenüber abzugrenzen. Ihr hauptsächliches Interesse würde darin liegen, daß ›alle sie endlich möglichst gerne haben‹.

Also wäre sie weiterhin hinter ihrer pflegeleichten, freundlich-angepaßten Maske versteckt. Ihr Gruppengewinn ist somit klein, da sie Gefahr läuft, mit Gleichgesinnten darauf hinzuarbeiten, integriert und angenommen zu werden – etwas, worum sie sich ohnehin tagtäglich bemüht.

Erst nach einer bestimmten, individuell angepaßten Anzahl Einzeltherapiestunden ist der Selbstwert soweit entwickelt und gefestigt, daß sie durchaus in der Lage ist, ihre eigenen Anliegen spüren und abgrenzen zu können. Sie darf sie in der Gruppe stellen, ihren *Raum* beanspruchen.

Es bietet sich dadurch die für sie einzigartige Möglichkeit, innere Konflikte offen und *klar ersichtlich* darzustellen.

Der Konflikt wird ›herausgegeben‹ (nicht verschluckt!), er nimmt Gestalt an. So kann er genauestens betrachtet, untersucht und kommentiert werden – von allen beteiligten *Actors* (nie mehr als acht pro Gruppe).

Die Hauptperson hat die Möglichkeit, ›Korrekturen‹ ihrer unbewältigten vergangenen Kränkungen anzubringen:

Sie kann bereits gelebte Situationen im nachhinein unter veränderten Aspekten nochmals erleben und *korrigieren.* Damit zeigt sie sich selbst, daß sie jetzt in der Lage wäre, die damals für sie schmerzhafte Situation neu und anders – jetzt positiv – zu gestalten. Sie darf den unterdrückten Schmerz, die verdrängte Wut neu darstellen und erleben – kann sich dann in der von ihr korrigierten Version neu positionieren und schöpft daraus Selbstvertrauen in ihre erwachenden Eigenkräfte.

Durch das Erleben der ungeteilten Aufmerksamkeit der anderen Frauen sieht sich die kastrierte Frau von ihrer Umwelt zum vermutlich ersten Mal völlig ernstgenommen in ihrer Problematik. Sie wird unterstützt in den verschiedensten Lösungsversuchen und bestätigt in ihrer neuen Lebenssicht. Sie hat *Gewicht!*

Ich beschreibe statt eines längeren Fallbeispiels zwei Psycho-Acting-Sequenzen einer Gruppe, mit zwei verschiedenen ›Titeln‹ (Anliegen).

Vorstellen der Gruppenmitglieder:

Anna, 57jährig, Buchhalterin, ledig,
bei 170 cm 118 kg

Pia, 32jährig, Gymnasiallehrerin, geschieden,
bei 167 cm 92 kg

Erika, 35jährig, Hausfrau, verheiratet,
zwei Töchter, bei 168 cm 70 kg

Uschi, 40jährig, Journalistin, geschieden,
bei 163 cm 78 kg

Evi, 24jährig, Psychologiestudentin, ledig, bei 168 cm 82 kg

1. Sequenz: ›Verwandtenbesuch‹ (Wunsch von Anna)

Anna: »Heute möchte ich mich sein, als ich ca. acht Jahre alt war. Es soll um einen mir damals so verhaßten Verwandtenbesuch gehen. Ich wünsche mir als ›Mutter‹ die *Erika* und als ›Vater‹ die *Uschi.* Die Erika soll ganz lieb und verständnisvoll sein, die Uschi interessiert und zärtlich.« (Anna, Erika und Uschi holen sich drei Stühle und sitzen in einem kleinen Kreis).

Anna (mit quengliger Stimme): »Ich mag aber nicht mitkommen und die Tante besuchen. Sie stinkt aus dem Mund und will mich immer küssen. Uiiiih – wie gräßlich.« (schüttelt sich).

›Mutter‹: »Jaja, die Tante... Sie hat eine schlechte Verdauung, die Ärmste! Sie ist in ständiger Behandlung wegen ihrem Magengeschwür. Gerade letzte Woche hat sie mir erzählt, wie weh ihr der ganze Bauch tut. Nein, Anna, du mußt mitkommen, sonst ist sie traurig. Sie kann ja nichts dafür.«

Anna (steht polternd auf): »Das ist mir alles schnurzegal. Ich mag die Tante nicht, sie stinkt, sie stinkt...« (springt auf und ab).

›Mutter‹: »Anna, so spricht man nicht! Stell' dir doch diese arme Frau vor – wenn du so leiden würdest... du wärst auch froh um jeden Besuch.«

›Vater‹: »Schau, Anna (steht auf, legt den Arm um sie), wenn du nicht mitkommst, sind alle traurig. Ja – ich auch! Zusammen hingegen macht es doch mehr Spaß...«

Anna (schreit): »Nein, es macht keinen Spaß, ich komme nicht mit. Ich gehe in mein Zimmer und spiele!« (will weglaufen, Vater steht etwas ratlos da).

›*Mutter*‹ (hält Anna zurück): »Anna, du machst mich böse. Ich verstehe, du magst den Mundgeruch der Tante nicht – aber sie ist eine liebe Frau, und sie hat uns gerne.«

›*Vater*‹: »... und wir sie auch, nicht wahr, Anna?«

Anna (stampft): »Nein, ich hasse sie, hasse sie ...«

Nun betrachten wir diese Sequenz:

Anna möchte eine Situation aus ihrer Kindheit reproduzieren, in der auf ihre Gefühle und Anliegen nicht eingegangen wurde, um sie jetzt zu korrigieren. Sie will sich die Umstände schaffen, um dieselbe Situation positiv erleben zu können. Nun aber soll die Mutter lieb und verständnisvoll und der Vater interessiert und zärtlich sein.

Es kommt anders. Es zeigt sich, daß auch die erwachsene Anna noch gar nicht in der Lage ist, die ihr gebührende Aufmerksamkeit zu fordern; sie kann ihr Anliegen noch immer nicht durchsetzen.

Sie glaubt, indem sie ihre ›Eltern‹ liebevoll gestaltet, wird auf ihr Anliegen eingegangen. Im Sinne von: Wenn man mich nur genügend gerne hat, lösen sich alle meine Probleme. Nun erfährt sie, daß ›Gernhaben‹ nicht genügt. Es braucht zusätzlich noch die Fähigkeit, auf den ›gerngehabten‹ Menschen einzugehen und ihn ernst zu nehmen.

Kurz: Liebevolle Eltern allein sind nicht genug.

Nachdem die Gruppe gemeinsam diese Punkte herausgearbeitet hatte, *verlangte* Anna ein nochmaliges Durchspielen. Die anderen waren einverstanden.

Anna: »Du Erika, bist die Mutter. Du bist lieb und verständnisvoll und gehst auf mein Anliegen ein. Du mußt nicht die Tante in Schutz nehmen, sondern darauf hören, was mir am Herzen liegt. Du, Uschi, bist ein interessierter und zärtlicher Vater. Du magst meine Nähe und möchtest genau wissen, warum ich die Tante nicht mag und setzt mich auch nicht mit deiner Zärtlichkeit unter Druck.«

Anna (Kind, mit ruhiger Stimme): »Ich möchte zu Hause bleiben, während ihr die Tante besucht. Ich mag sie nicht, sie hat Mundgeruch.«

›Mutter‹: »Ja, das ist mir auch schon aufgefallen. Weißt du, sie hat eine schlechte Verdauung. Willst du wirklich zu Hause bleiben? Du wirst ja allein sein, macht dir das nichts aus?«

›Vater‹ (zieht sie auf die Knie): »Sag mal, Anna, ist es wirklich nur wegen dem Mundgeruch? Du müßtest ja nicht so nahe an die Tante herantreten...«

Anna (kuschelt sich ein): »Sie fragt immer so komische Sachen...«

›Vater‹ (nickt): »Aha, ja, sie ist neugierig auf alles. Das mag ich auch nicht.«

›Mutter‹: »Du wärst nicht mit ihr allein. Und ich werde ihr sagen, daß du nicht gerne ausgefragt wirst.«

Anna (trotzig): »Ich mag aber nicht. Und sie will mich immer küssen.«

›Vater‹: »Das ist eben ihre Art, zu zeigen, daß sie dich gerne hat. Mit ihren Fragen und ihren Küssen.«

Anna: »Gelt, ich muß nicht mit?«

›Mutter‹: »Von mir aus kannst du da bleiben – ich schreibe dir deutlich die Telefonnummer auf. Wir sind bald zurück; wenn du uns hören möchtest, rufst du einfach an.«

Anna lebte mit ihrer geschiedenen Mutter bis zu deren Krebstod. Die Mutter war eine begabte Malerin, eingesponnen in ihrem Schaffen, begierig auf die Bestätigung durch die Umwelt. Mit ihrer Tochter war sie schusselig-zerstreut, vergaß sie manchmal. Anna stand in ihrer Schulzeit häufig vor einer verschlossenen Haustüre, weil die Mutter ›schnell‹ weggegangen war und den Stundenplan der Tochter vergessen hatte.

Anna meint, ihre Mutter hätte Männer gehaßt. Ihren Vater sah Anna praktisch nie. Die wenigen Male, da er sie zu sich einlud, waren geradezu erschlagend für sie – er herzte und küßte sie, um ihr im nächsten Moment bedauernd zu verkünden, er müsse leider weg, er sei eingeladen... Sie blieb dann allein in seiner unordentlichen Junggesellenwohnung und stellte sich vor, sie würde ihm einmal den Haushalt führen. In ihrer Phantasie sah ihr zukünftiger Mann genauso aus wie ihr Vater.

Als der Vater dann eine wesentlich jüngere Frau heiratete, fiel für Anna eine Welt zusammen. Er hatte sie verraten und verlassen.

Zusammen mit ihrer Mutter kaute sie dann jahrelang an seinen *Untugenden.* Der Vater wurde zum gemeinsamen Feindbild. Dadurch entstand eine Brücke zwischen den beiden Frauen. Männer waren hinterhältig, feig und drückten sich vor jeglicher Verantwortung. Zudem waren sie egoistisch und grob. Anna wußte – nie mehr würde sie einem Mann Vertrauen schenken.

Sie teilte völlig die Ansichten ihrer Mutter.

Mit dem Alter wurde die Mutter zunehmend unruhiger, und Anna übernahm immer mehr Verantwortung. Die Mutter hörte auf zu malen, sprach aber endlos über ihre erfolgreiche ›Künstlervergangenheit‹. Anna war Zuhörerin, Gesellschafterin, Haushälterin und immer mehr auch Pflegerin.

Wenn Anna nicht zu Hause war, schnitt ihre Mutter aus Frauenzeitschriften sämtliche Diäten aus und legte sie in einen Ordner. Es gab eine tolle Kollektion in all den Jahren!

Ab und zu lernte Anna einen Mann kennen und wurde zum Ausgehen aufgefordert. Ihre Mutter bat sie dann, mit Tränen in den Augen, vorsichtig zu sein – sie wisse ja...! Oder sie wurde prompt krank am Ausgehtag von Anna.

Mit der Zeit nahmen die Einladungen ab, blieben schließlich ganz aus. Ruhe kehrte ein. Dann wurde Annas Mutter ernstlich krank; bösartiger Krebs.

Die Mutter ließ sich völlig gehen in ihrer Krankheit. Sie wurde praktisch unzurechnungsfähig. Anna gab ihre Stelle auf und blieb zu Hause, bis zum Tod der Mutter. Dann brach Anna zusammen. Sie kam zu mir, nicht wegen ihres massiven Übergewichts (»...das ist halt so! Vermutlich eine Hormonstörung...«), sondern weil sie nicht über den Tod der Mutter hinwegkam.

Allmählich erwachten ihre Lebensgeister, sie sah Zusammenhänge, verfluchte sich als ›verdorrte Jungfrau‹, hatte endlose Wut- und Traueranfälle über ihr leeres Leben und begann schließlich, ihr Dasein positiv zu gestalten.

Im Psycho-Acting arbeitete sie ihren ›interessierten und zärtlichen‹ Mann/Vater-Traum heraus, schwelgte in Sequenzen über eine ›verständnisvolle‹ Mutter, bis sie ihre versteckten und unterdrückten Wünsche klar sehen und damit umzugehen lernte.

Ihr erhofftes Lebensziel war *Harmonie,* das totale Verständnis füreinander, das Nichtexistieren von Spannungen. Kurz, ein Zustand, von dem sie seit ihrer Vernachlässigung in der Kindheit träumte. Von ihrer Mutter lernte sie, daß der Vater (Mann) die Schuld an diesem kaputten Paradies trägt. Gleichzeitig war der Vater aber auch die Verkörperung des zärtlichen Idealmannes. Der Konflikt dieser unlösbaren Dualität wurde umgangen durch das sterile Verharren bei der Mutter.

Nach zwei Jahren war Anna auf ihrem Normgewicht (ganz nebenbei) und eröffnete einen kleinen Buchhaltungsbetrieb. Sie trat einem Schachclub bei und hatte bald einen netten, gemischten Freundeskreis. Sie bezeichnete sich als glücklich.

2. Sequenz: *Auseinandersetzung* (Wunsch von Uschi)

Uschi: »Ich will die *Erika* als ›Mutter‹. Ich bin 22jährig und gehe zum Gynäkologen, weil ich seit kurzem nicht mehr Jungfrau bin. Ich möchte die Pille. Meine Mutter sah meinen Terminkalender. Ich möchte die Situation nicht gestalten, die Erika soll einfach ›spielen‹.«

Die Gruppe protestiert einstimmig. Es sei eine unmögliche Situation, die es da zu reproduzieren und korrigieren gebe... Uschi bleibt dabei.

(Erika schiebt ihren Stuhl vor die anderen und schaut Uschi fragend an.)

Uschi (beginnt laut schreiend, alle zucken zusammen): »Du hast schon wieder in meinem Terminkalender geblättert, du ekelhaftes Weib. Ich möchte dir die Nase einschlagen...! Laß mich endlich in Ruhe mit deiner Spioniererei, hast du gehört? Ich bin nicht mehr dein kleines Mädchen – Gott sei Dank.« (Pflanzt sich vor der erschrockenen ›Mutter‹ auf, die den Mund öffnet und wieder schließt).

Uschi: »Gelt, da geht dir die Spucke aus. Nur blöd glotzen kannst du, du hinterhältiges Miststück, du Biest. Schon lange hätte ich dir einiges im Klartext sagen sollen – aber du hast mich ja so vornehm erzogen! Nicht wahr, ›man‹ tut nicht, ›man‹ sagt nicht. ›Man‹ trägt keine Hosen, wenn ›man‹ so ein ›ausladendes Gesäß‹ hat wie ich, hä?!«(wackelt vor Erika mit ihrem Hintern).

›Mutter‹ (faßt sich allmählich): »Nein, mein Liebes, du hast kein ausladendes Gesäß, vielleicht ein bißchen stramm, aber Hosen stehen dir gut. Ich finde...«

Uschi (packt sie bei den Schultern von hinten und schüttelt sie heftig): »Schweig, du mit deinem Gesabber! Nicht mal Farbe bekennen kannst du... Hosen stehen mir guuuuut! Und gestern, hä, was war gestern? Da hast du deiner lieben Cousine ins Telefon geflötet: ›Ach, die arme Uschi – sie wird immer dicker. Das gefällt doch keinem. Aber sagen kann ich ihr das nicht. Sie hört nie auf mich. Sogar Cellulitis hat sie schon...‹« (Uschi flötet mit gezierter Stimme).

›Mutter‹ (will etwas sagen, wird wieder heftig geschüttelt, schweigt).

Uschi (stellt sich breitbeinig vor sie hin, stützt die Arme in die Hüften, zieht eine Schnute und lispelt, wie verschämt): »Weißt du, liebes Mamachen, ich hab' letzte Woche mit dem Charles geschlafen, jaja, geliebt, gefickt. Ich bin nicht mehr dein kleines Mädchen, ich bin eine Frau. Hmm, es war himmlisch... Aber jetzt brauch' ich die Pille, ich geh' deswegen zum Onkel Doktor. Möchtest du mich begleiten, Mamilein?«

›Mutter‹: »Das finde ich aber schön...« (Mit einem Satz hockt sich Uschi fast auf sie und kreischt wie eine Furie).

Uschi: »Schweig, halt dein blödes Maul, ach schweig bloß...«

›Mutter‹ (will sie abschütteln): »Jetzt hör doch...«

Uschi: »Schnauze, hab' ich gesagt.«

›Mutter‹ (explodiert und steht auf, packt Uschi am Vorderteil des Pullovers und schreit): »Jetzt reichts, du dummes Ding. Spinnst du eigentlich? Was glaubst du eigentlich, wer du bist? Wenn du meinst, du kannst mich zur Sau machen hier vor allen andern, hast du dich aber geschnitten. Ich will dir jetzt etwas sagen, du hysterische Ziege...« (Uschi beginnt zu lachen, umarmt die widerstrebende Erika, die Gruppe ist wie erstarrt).

Uschi: »Weißt du, Erika, meine Mutter war genauso zurückhaltend wie du. Nur bist du auch dick – also ist es sicher nicht dieselbe Art vornehmer Kritik, ständig, ständig an meinen ach so vielen Mängeln! Nie war ich gut genug, nie!

Meine Mutter pflegte leise seufzend den Kopf zu schütteln und zu sagen: ›Hörst du, wie deine Oberschenkel aneinanderreiben beim Gehen? Du mußt endlich etwas Eßdisziplin haben, Liebling.‹ Oder: ›Mein Liebes, deine letzten Prüfungen waren so schlecht – meinst du wirklich, Journalismus ist das Richtige für dich?«

Ich hasse dieses Weib! Du hast mir so gut getan mit deinem Ausbruch. Mensch, du hast ja Gefühle! Wenn meine Mutter mir je nur einen Bruchteil davon gezeigt hätte...«

Erika ist völlig verwirrt, streicht sich über die Stirne, setzt sich, steht wieder auf: »Um Himmels Willen, so kenne ich mich gar nicht. Meine Mutter hat immer geschrien – ich habe geschworen, nie so zu sein, wie sie. Das ist ja fürchterlich.«

Evi (nickt nachdenklich): »Du hast immer alles 'runtergeschluckt. Man sieht es.«

Erika: »Ja. Ich wollte doch eine gute Mutter sein. Meine Töchter sollen nicht Angst vor mir haben. Ich hatte solche ›Schiß‹ vor meiner Mutter und ihren Tiraden; sie schlug mich auch. Oder wurde *krank* wegen mir.«

Uschi: »Du meine Güte! Und jetzt wachsen deine Töchter in einem ähnlichen ›Schonklima‹ auf wie ich bei meiner Mutter?! Prost! Sind sie schon dick?«

Erika (halb lachend, halb ärgerlich): »Also, du hast eine Art... nein, sie sind beide dünn.« (Leiser Einwurf von Evi: »Noch!«).

Erika: »Also Evi, du bist richtig fies. Ich gebe mir alle Mühe – schließlich weiß ich jetzt eine Menge.«

Pia: »Aha, du bist eine *gute* Mutter. Wie schön für dich!«

Erika: »Du brauchst nicht zu spotten. Es ist furchtbar schwer für mich (beginnt zu weinen). Ihr habt ja keine Ahnung..., ich habe nirgendwo außer hier Unterstützung (Uschi kniet neben ihrem Stuhl und umfängt sie, wiegt sie sanft hin und her). Mein Mann sagte mir heute morgen, er zahle meine ›Spinnerstunden‹ nicht mehr – es bringe alles nichts. Ich sei noch gleich dick wie eh und jeh. Meine Mutter kommt auf Besuch, schaut mich von oben bis unten an und meint mitfühlend, ich sei ein bißchen willensschwach, vermutlich von meinem Vater her. Ich soll doch die Zitronensaft-Kur machen, die ginge nur drei Tage. Und das sollte ich doch können, nicht? Überall, überall höre ich: Du kannst nicht, du schaffst es nicht, du bist ein Armes, nimm noch ein Stück Kuchen – darauf kommt es auch nicht mehr an.«

Erika war von Anfang an die Mutterfigur der Gruppe. Sie zeigte sich ruhig und gelassen, war eine gute Zuhörerin und bemühte sich, die ihr zugeteilten Rollen zu spielen. Von ihr selbst kam noch nie ein Sequenz-Vorschlag. Ihr Ausbruch war heilsam. Plötzlich sah sie ihr künstlich bemühtes Gebaren und realisierte die Energie, die es sie kostete, ›anders‹ zu sein als ihre Mutter.

Sie konnte nun daran arbeiten, ihr wirkliches Selbst zu suchen und zu entwickeln. Sie war sicher *nicht* wie ihre Mutter, mußte sich somit nicht mehr bemühen, ›anders‹ zu sein. Irgendwo in der Mitte zwischen ihrer bevormundenden, demütigenden Mutter und diesem zur Schau gestellten ›ruhigen, distanzierten‹ Gehabe lag ihre Persönlichkeit.

Nach einigen Zusatzstunden erzählte sie stolz, wie eine ihrer Töchter ausgerufen hatte: »Mama, du kannst ja richtig lachen!«

Erika wußte nach einem knappen Jahr, woran sie war. Sie brauchte viel Mut, um die Scheidung einzureichen und ihre Schuldgefühle dabei zu verarbeiten. Ihre Belohnung war die hingeworfene Bemerkung einer Tochter, es sei jetzt alles so schön und fröhlich zuhause.

Zu ihrer Mutter fand sie eine neue Beziehung. Die Mutter war für Erikas Begriffe erstaunlich kooperativ. Stunden um Stunden wurde über die Vergangenheit geredet, erklärt, gestritten.

Erika besuchte Abendkurse und schloß auf diese Art eine kurze Handelsschule ab. Sie arbeitet heute in einem Verlag.

Während ihrer Ausbildung kümmerte sich die Mutter um die Töchter. Erika wurde schlank, und die Töchter nicht dick.

Kurz vor dem Abschluß der Handelsschule verliebte sich Erika in einen der Lehrer (und umgekehrt!). Und wenn sie nicht gestorben sind...

Ausklang

Es wäre falsch, jetzt zum Schluß zu gelangen, jede übergewichtige Frau brauche dringendst eine Psychotherapie. In vielen Fällen verhilft das Erkennen der eigenen Kastration bereits zu Erkenntnissen, die eine Selbstheilung nach sich ziehen.

Im allgemeinen läßt sich sagen: frau wird freier und geht schnell besser mit sich um. Diäten sind nicht mehr nötig, es darf ruhig gegessen werden. Wenn der *überspeckte* Konflikt angeschaut wird, braucht der Körper nicht mehr nach Zuwendung in Form von Essen zu brüllen. Er bekommt ja jetzt die richtige Aufmerksamkeit. Der wiederholte Gang zum Kühlschrank wird überflüssig, wenn frau daran denkt, daß sie vom mütterlichen Verstümmelungsprogramm gelenkt wird.

Jetzt kommt die Frage: »Will ich das überhaupt? Muß ich mir noch mehr antun? Oder ist es nicht Zeit, mein beschnittenes Leben anzuschauen und auf *meine* Art neu zu gestalten?«

Das Programm ist gelöscht, der *Fluch* der Mutter gebrochen.

Natürlich ändert sich dadurch auch die Beziehung zum Vater und damit zum eventuellen Partner. Plötzlich hat sie eigene Standfestigkeit – die Beziehungsenergie der betroffenen Frau erschöpft sich nicht mehr in Nähe-Distanz-Problemen.

Durch das Spüren ihres eigenen *Gewichtes* kann sie sich jetzt ihren *Raum* gestalten. Ihre krankhafte Abhängigkeit von Beziehungen und vom Wohlwollen der Umwelt hört auf. Sie wird frei!

An die böse Mutter

Wenn Sie dieses Buch bis hierher gelesen haben, bedeutet es wohl, daß Sie etwas spüren und erkennen konnten.

Erinnern Sie sich an Ereignisse, Erfahrungen mit Ihrer eigenen Mutter? An die vielen kleinen und großen Verletzungen, die Sie schluckten? Wenn Sie die eigenen Narben noch spüren, sprechen Sie mit Ihrer Tochter! Vielleicht drücken Sie ihr vorher dieses Buch in die Hand. Es könnte eine neue, andere, positivere, offenere, vertraulichere Beziehung entstehen.

Es ist mir klar: Mein Buch wirkt wie ein drohend erhobener Zeigefinger, der auf unterschwellige Konflikte hinweist. Erlauben Sie sich jetzt aber nicht, in trotziger Abwehrhaltung zu verharren! Setzen Sie Ihre Betroffenheit konstruktiv in Ihrem Leben ein!

Weibliche Kastration kann zum Glück heilen.

Es ist schön, Frau zu sein.

Luxor *Catherine Herriger*

Literatur

ACKERMANN/WYNNE/WHITAKER/LAING/WALLACE/FRAMO: Familientherapie 2. Reinbek bei Hamburg 1975.

BACHMANN, Claus Henning: Psychoanalyse und Verhaltenstherapie. Frankfurt am Main 1972.

BACHOFEN, J. J.: Das Mutterrecht. Basel 1943.

BEARD, Mary R.: Woman as Force in History. New York 1971.

BENDIX, Reinhard: Herrschaft und Industriearbeit. Frankfurt am Main 1960.

BENEDITTI, G.: Der psychisch Leidende und seine Welt. Stuttgart 1964.

BERNARD, Jessie: The Female World. New York 1981.

BETTELHEIM, Bruno: Freud und die Seele des Menschen. Düsseldorf 1984.

BIRKENBIHL, Vera F.: Signale des Körpers. Landsberg am Lech 1986.

BITTNER, Günther/REHM, Willy: Psychoanalyse und Erziehung. Bern/Stuttgart 1966.

BLEULER, Eugen: Lehrbuch der Psychiatrie. Berlin 1979.

BOYESEN, Gerda: Über den Körper die Seele heilen. München 1987.

BRENNER, Charles: Grundzüge der Psychoanalyse. Frankfurt am Main 1972.

– Grundzüge der Psychoanalyse. Frankfurt am Main 1972.

BÜHLER, Charlotte: Psychologie im Leben unserer Zeit. München/Zürich 1962.

CHOB, Rosemary/MANAHAN, Nancy: Die ungehorsamen Bräute Christi. München 1986.

DAVIS, Angela: Rassismus und Sexismus. Berlin 1982.

DAVIS, Elizabeth Gould: Am Anfang war die Frau. München 1977.

DE BEAUVOIR, Simone: Das andere Geschlecht. Reinbek bei Hamburg 1955.

DELAY, Jean: Medizinische Psychologie. Stuttgart 1971.

DESSAI, Elisabeth: Hat der Mann versagt? Reinbek bei Hamburg, 1972.

DEUTSCH, Helene: Selbstkonfrontation. München 1975.

DOLLARD – DOOB – MILLER – MOWRER – SEARS: Frustration and Aggression. Weinheim/Berlin 1971.

DREIKURS, Rudolf: Grundbegriffe der Individualpsychologie. Stuttgart 1969.

EYSENCK, Hans J.: Gesellschaft und Individuum II. Teil. München 1978.

FAGAN, Joen/SHEPHERD, Irma Lee: Gestalt Therapy Now. New York 1971.

FRENCH, Marilyn: Jenseits der Macht. Reinbek bei Hamburg 1985.

FREUD, Anna: Das Ich und die Abwehrmechanismen. München 1963.

FREUD, Sigmund: Drei Abhandlungen zur Sexualtheorie. Frankfurt am Main 1972.

– Abriß der Psychoanalyse – Das Unbehagen in der Kultur. Frankfurt am Main 1975.

– Sexualleben. Frankfurt am Main 1972.

– Hysterie und Angst. Frankfurt am Main 1971.

– Zwang, Paranoia und Perversion. Frankfurt am Main 1973.

– Psychologie des Unbewußten. Frankfurt am Main 1975.
FREUD, Sigmund/JUNG, C. G.: Briefwechsel. Frankfurt am Main 1976.
FRIEDAN, Betty: Der Weiblichkeitswahn oder die Selbstbefreiung der Frau. Reinbek bei Hamburg 1970.
– Der Weiblichkeitswahn oder die Mystifizierung der Frau. Reinbek bei Hamburg 1970.
FROMM, Erich: Anatomie der menschlichen Destruktivität. Reinbek bei Hamburg 1980.
GREEN, Maureen: Die Vater-Rolle. Zürich 1978.
GRODDECK, Georg: Der Mensch als Symbol. München 1976.
– Krankheit als Symbol. Frankfurt 1984.
– Das Buch vom Es. Frankfurt 1979.
HARRIS, Thomas A.: I'm ok – you're ok. London 1973.
HORNEY, Karen: Selbstanalyse. München 1974.
HUIZINGA, Johan: Homo ludens. Reinbek bei Hamburg 1981.
JACOBI, Jolande: Die Psychologie vom C. G. Jung. Olten 1971.
JAFFÉ, Aniela: Apparitions. Irving 1970.
JUNG, C.G.: Wirklichkeit der Seele. Zürich 1934.
– Zum Wesen des Psychischen. Olten 1972.
– Die Psychologie der Übertragung. Olten 1972.
– Der Mensch und seine Symbole. Olten 1968.
– Psychologie und Erziehung. Olten 1972.
– Die Beziehungen zwischen dem Ich und dem Unbewußten. Olten 1972.
– Seelenproblem der Gegenwart. Olten 1972.
KÖNIG, René: Die Familie der Gegenwart. München 1977.

KUIPER, P. C.: Die seelischen Krankheiten des Menschen. Stuttgart/Bern 1969.

LAING, Ronald D.: Das geteilte Selbst. Köln 1972.

LAING, R. D./ESTERSON, A.: Sanity, Madness, and the Family. Harmondsworth 1974.

LEBERT, Norbert: Psychopotenz. Gütersloh/Zürich 1969.

LORENZ, Konrad: Das sogenannte Böse. Wien 1963.

MEAD, Margaret: Jugend und Sexualität in primitiven Gesellschaften Band 1 und Band 2. München 1970.

– Mann und Weib. Hamburg 1977.

MENSCHIK, Jutta: Grundlagentexte zur Emanzipation der Frau. Köln 1977.

– Feminismus Geschichte Theorie Praxis. Köln 1977.

MIDGELY, Mary: Beast and Man. Ithaca 1978.

MILLER, Alice: Das Drama des begabten Kindes. Frankfurt am Main 1983.

MÜLLER/PILGRIM/PROS/RÖSCH, TEISIG: Männerbilder. München 1978.

MUHR, Caroline: Depressionen. Frankfurt a. M. 1976.

NARANJO, Claudio/ORNSTEIN, Robert E.: Psychologie der Meditation. Frankfurt am Main 1976.

NEUMANN, Erich: Zur Psychologie des Weiblichen. Frankfurt 1983.

– Die große Mutter. Olten 1987.

ORBACH, Susie: Antidiätbuch I. München 1986.

– Antidiätbuch II. München 1986.

PERLS, Frederick S.: Gestalt Therapy Verbatim. New York 1972.

PIAGET, Jean: Psychologie der Intelligenz. Olten/Freiburg 1972.

PILGRIM, Volker Elis: Muttersöhne. Zürich/Düsseldorf 1986.

– Manifest für den freien Mann. Reinbek bei Hamburg 1983.
REICH, Wilhelm: Charakteranalyse. Frankfurt am Main 1973.
ROPLEIN, Heinz: Die seelische Entwicklung des Menschen im Kindes- und Jugendalter. München/Basel 1971.
RICHTER, Horst Eberhard: Die Gruppe. Reinbek bei Hamburg 1972.
– Eltern, Kind und Neurose, Reinbek bei Hamburg 1969.
– Patient Familie. Reinbek bei Hamburg 1972.
ROGERS, Carl R.: Therapeut und Klient. München 1977.
– Partnerschule. München 1975.
ROHRBACHER, Hubert: Einführung in die Psychologie. Wien/München/Berlin 1971.
RUITENBEEK, Hendrik M.: Die neuen Gruppentherapien. Stuttgart 1974.
SAGER, Hans Walter: Die Überwindung der Mutter. St. Gallen 1977.
SCHATZMANN, Morton: Die Angst vor dem Vater. Reinbek bei Hamburg 1978.
SCHELSKY, Helmut: Soziologie der Sexualität. Hamburg 1977.
SCHWARZER, Alice: Der ›kleine Unterschied‹ und seine großen Folgen. Frankfurt am Main 1975.
SHORTER, Edward: Die Geburt der modernen Familie. Reinbek bei Hamburg 1977.
SPAEMANN, Heinrich: Macht und Überwindung des Bösen. München 1979.
SZONDI, Leopold: Freiheit und Zwang im Schicksal des Einzelnen. Bern 1968.

THEWELEIT, Klaus: Männerphantasien. Franfurt am Main 1977.

TOURNIER, Paul: Durchbruch zur Persönlichkeit. Bern 1979.

VON FRANZ, Marie-Louise: Creation Myths. Zürich 1978.

– The Feminine in Fairytales. Zürich 1976.

– Shadow and Evil in Fairytales. Zürich 1974.

WILLI, Jürg: Die Zweierbeziehung. Reinbek bei Hamburg 1975.

WOODTLI, Susanna: Gleichberechtigung. Frauenfeld 1975.

WUNDERLICH, Hans Georg: Die Steinzeit ist noch nicht zu Ende. Reinbek bei Hamburg 1977.

ZUK/RUBINSTEIN/FRAMO/BORSZORMENYI-NAGY: Familientherapie I. Reinbek bei Hamburg 1975.

Selbsthilfeprogramm für eßsüchtige, übergewichtige Frauen

Wenn *Die Böse Mutter* Sie aufrüttelt und Sie sich fragen: Wie trifft das auf mich persönlich zu? Wo kann ich anfangen? Wenn Sie also weiter gehen möchten, aber den Schritt in die Therapie (noch) nicht wagen wollen, steht Ihnen dennoch ein Weg offen:

Sie können sich einen, für Sie ganz individuell zusammengestellten *Persönlichen Ratgeber* schriftlich ausarbeiten und zusenden lassen.

Was noch vor wenigen Jahren unmöglich gewesen wäre, ist jetzt durch die Kombination moderner Computertechnik mit der psychotherapeutischen Erfahrung der Autorin dieses Buches möglich geworden. Im Computer sind therapeutische Aussagen, Ratschläge und gezielte Übungen geordnet, aus denen der nur für Sie gültige Text, Ihr Persönlicher Ratgeber, zusammengesetzt wird. Die Grundlage dafür ist der von Ihnen ausgefüllte detaillierte Fragebogen.

Über die Autorin

Catherine Herriger ist Diplompsychologin und Kommunikationsberaterin. Sie arbeitet seit vielen Jahren als Psychotherapeutin. Zu ihren Schwerpunkten gehören die Erforschung von Geschlechterrollen und Kommunikation.

Die Autorin leitet Seminare und Weiterbildungskurse im In- und Ausland. Folgende Titel von Catherine Herriger sind im Wilhelm Heyne Verlag lieferbar: »Bis daß der Tod Euch endlich scheidet« (Band Nr. 19/351) und »Die Kraft der Rituale« (Band Nr. 40/213).

FRAGEBOGEN

zum Anfordern des Selbsthilfeprogrammes für eßsüchtige, übergewichtige Frauen

Sie fühlen sich betroffen und vermuten, daß Ihre Gewichtsprobleme auf Eßsucht hinweisen. Sie möchten aber nicht oder noch nicht den Gang zum Psycho-Therapeuten wagen.

Für Sie hat die Autorin dieses Buches ein *Selbsthilfeprogramm* entwickelt, das langjährige analytische Erfahrung mit Eßsucht und deren statistische Auswertung vereint. Mit dessen Hilfe erhalten Sie Einblick in Ihre Lebenszusammenhänge und therapeutische Anleitungen. Gleichzeitig bekommen Sie einen *individuellen Eßplan,* der Ihrem Tagesrhythmus und Ihren Eßbedürfnissen entspricht. Er dient Ihnen als Starthilfe zum Entwickeln eigenen Körpergefühls.

Bitte füllen Sie folgenden Fragebogen sorgfältig aus.

Studieren Sie jede Frage gründlich, und überlegen Sie, welche Antwort am besten paßt. Beachten Sie, daß auch mehr als eine Antwort pro Frage zutreffend sein kann. Kreuzen Sie die entsprechenden Kästchen an.

Ihre Auswertung und Ihr individueller Eßplan werden durch den Computer in völliger Anonymität ausgearbeitet. Ihre Daten sind also geschützt.

W 1 *Gewicht:* ...93,5... *kg*
W2 *Größe:* ...168... *cm*
W3 *Handgelenkumfang* ...15,5... *cm*

PA *Alter:*
- 20 – 29 Jahre 1 ☐
- 30 – 39 Jahre 2 ☒
- 40 – 49 Jahre 3 ☐
- 50 Jahre und mehr 4 ☐

PB *Familienstand:*
- ledig 1 ☐
- verheiratet 2 ☐
- geschieden 3 ☒
- verwitwet 4 ☐

PC *Sind Sie schwanger?*
- Ja 1 ☐
- Nein 2 ☒

LA *Leben Sie*
- alleine? 1 ☐
- mit Partner? 2 ☒

Leben Sie
- mit Kindern unter 10 Jahren? 3 ☒
- und/~~oder~~ mit Kindern über 10 Jahren? 4 ☒
- und/oder mit Eltern? 5 ☐

LB *Sind Sie berufstätig?*
- Voll 1 ☐
- Teilzeit 2 ☒
- Nicht 3 ☐

LC *Besorgen Sie den Haushalt*
- ganz? 1 ☐
- teilweise? 2 ☒
- nicht? 3 ☐

LD *Leben Sie*
- in einem Haus für sich? 1 ☐
- in einer Wohnung? 2 ☒

LE *Verbringen Sie einen Abend mit Freunden oder Bekannten*
- mehr als 3mal im Monat? 1 ☒
- weniger als 3mal im Monat? 2 ☐

LF *Betreiben Sie Sport?*
- Selten 1 ☒
- Regelmäßig 2 ☐
- Nie 3 ☐

LG *Sind Sie in einem Verein (Club, Gesellschaft, Initiative, usw.)?*
- Ja 1 ☒
- Nein 2 ☐

LH *Wann wachen Sie in Ihrer Freizeit auf?*
- Eher früh (vor 9.00 Uhr) 1 ☒
- Eher spät (nach 9.00 Uhr) 2 ☐
- Je nachdem 3 ☐

LI *Wann gehen Sie abends üblicherweise ins Bett?*
- Vor 22 Uhr 1 ☐
- Nach 22 Uhr 2 ☒
- Je nachdem 3 ☐

LK *Bezeichnen Sie sich als Raucherin?*
- Ja 1 ☐
- Nein 2 ☒

GA *Wie ist Ihr Gesundheitszustand?*
- Robust (selten krank) 1 ☐
- Gut (manchmal krank) 2 ☒
- Anfällig (häufig krank) 3 ☐

GB *Neigen Sie zu Allergien (Asthma, Heuschnupfen, Hautausschlag usw.)?*
Ja 1 ☐
Nein 2 ☒

GC *Menstruieren Sie:*
Ja 1 ☒
Nein 2 ☐
Unregelmäßig 3 ☐

GD *Haben Sie Beschwerden vor und/oder während der Menstruation?*
Ja 1 ☐
Nein 2 ☒

EA *Wann verspüren Sie den größten Hunger?*
Morgens 1 ☐
Mittags 2 ☐
Abends 3 ☒
Zwischendurch 4 ☒

EB *Ist Ihr Hungergefühl während der Menstruation*
stärker als gewöhnlich? 1 ☐
schwächer als gewöhnlich? 2 ☐
gleich? 3 ☒

EC *Essen Sie in Gesellschaft*
mehr als gewöhnlich? 1 ☒
weniger als gewöhnlich? 2 ☒
gleich? 3 ☐

ED *Ist Ihr Hungergefühl nach körperlicher Betätigung (Sport, Arbeit)*
stärker als gewöhnlich? 1 ☒
schwächer als gewöhnlich? 2 ☐
gleich? 3 ☐

EE *Haben Sie schon versucht, Ihr Gewicht durch absichtliches Erbrechen zu regulieren?*
Häufig 1 ☐
Gelegentlich 2 ☐
Nie 3 ☒

EF *Trinken Sie pro Tag an alkoholischen Getränken*
mehr als ½ Liter? 1 ☐
weniger als ½ Liter? 2 ☐
keinen Alkohol? 3 ☐
je nachdem? 4 ☒

EG *Wie würden Sie Ihr Verlangen nach Süßigkeiten bezeichnen?*
Nicht vorhanden 1 ☐
Mäßig 2 ☐
Groß 3 ☐
Anfallartig 4 ☒

EH *Wenn Sie alleine sind, kochen Sie für sich?*
Ja 1 ☒
Nein 2 ☐
Selten 3 ☐

EH *Sind Sie Vegetarierin?*
Ja 1 ☐
Nein 2 ☒

Vorname: CORNELIA Name: KOALL

Straße: AM SCHIEFERSTEIN 21

PLZ: 60435 Ort: FRANKFURT

Mit der Einsendung dieses Fragebogens bestelle ich einen Persönlichen Ratgeber und den individuellen Eßplan zum Preis von DM 80,–/ SFr 80,– (bitte Scheck beilegen).

Ort und Datum: ______________ Unterschrift: ______________

Bitte senden Sie den genau ausgefüllten Fragebogen an:

Creacrom
Sandrainstraße 56
CH-3007 Bern